Da capo

Sixth Edition

Workbook and Lab Manual

Julia M. Cozzarelli
Ithaca College

Silvia M. Abbiati
Ithaca College

THOMSON

HEINLE

Australia   Brazil   Canada   Mexico   Singapore   Spain   United Kingdom   United States

THOMSON
™
HEINLE

Da capo
Sixth Edition
Workbook and Lab Manual
Cozzarelli | Abbiati

Executive Editor: Carrie Brandon
Development Editor: Barbara Lyons
Senior Project Manager, Editorial Production: Esther Marshall
Assistant Editor: Arlinda Shtuni
Assistant Editor: Morgen Murphy
Marketing Manager: Lindsey Richardson
Marketing Assistant: Marla Nasser
Managing Technology Project Manager: Sacha Laustsen

Manufacturing Manager: Marcia Locke
Compositor: Pre-Press Company, Inc.
Project Management: Pre-Press Company, Inc.
Photo Manager: Sheri Blaney
Senior Art Director: Bruce Bond
Cover Designer: Lisa Langhoff
Cover Printer: Thomson West
Printer: Thomson West

Cover image: © John Heseltine / CORBIS, Mosai Border on the Façade of Orvieto Duomo

Printed in the United States of America

3   4   5   6   7   09   08   07

ISBN-13: 978-1-4130-1859-2
ISBN-10: 1-4130-1859-9

Thomson Higher Education
25 Thomson Place
Boston, MA 02210-1202
USA

For more information about our products, contact us at:
Thomson Learning Academic Resource Center
1-800-423-0563

For permission to use material from this text or product, submit a request online at **http://www.thomsonrights.com.** Any additional questions about permissions can be submitted by email to **thomsonrights@thomson.com.**

Introduction

The Workbook and Laboratory Manual to accompany *Da capo,* **Sixth Edition,** has been completely revised and updated for this edition. The Manual contains separate, complimentary workbook and laboratory components, with activities that reinforce and expand upon the content of the text in a well-rounded, contemporary manner. The purpose of the Manual is to build language skills through contextualized writing, reading, and listening activities, and to provide additional opportunities for grammar practice.

The Workbook

The Workbook consists of written exercises for all sections of the text, including each of the grammar elements, and a new reading related to the cultural theme of the corresponding textbook chapter. Each Workbook chapter opens with a **Parole ed espressioni nuove** section that reviews the vocabulary from the **Per cominciare, Studio di parole,** and **Lettura** sections of the text. The **Struttura** section provides written grammar practice for each grammar point reviewed in the text chapter, and in the same order. The **Leggiamo!** section consists of a new reading linked to the cultural content of the chapter, followed by questions that check comprehension and encourage personalized responses. Each chapter concludes with a **Scriviamo e comunichiamo** section that includes a written exercise based on the **Per comunicare** feature of the textbook, and a guided writing activity.

The Workbook is an excellent way to reinforce vocabulary and grammar acquisition, and the writing exercises provide opportunities for creative expression and composition. The design of the Workbook is flexible and it can be used in a number of ways. The instructor may wish to assign selected exercises as the related material is covered in class. Alternatively, the Workbook can be used for review after the chapter has been completed. The flexible format of the Workbook allows instructors to choose individual sections for students to complete at home or as a class activity. Finally, the entire chapter can be assigned in order to reinforce the material in the most effective way. An answer key is provided to instructors through the *Da capo* website and students can be asked to self-correct if desired. Instructors, however, will need to correct the free response and guided writing activities.

The Laboratory Manual

The Laboratory Manual is designed for use with the *Da capo,* **Sixth Edition,** audio program, provided on CDs. Students must listen to the accompanying CDs in order to complete the exercises. The Lab Audio CDs are not to be confused with the Text Audio CD that comes packaged with the text, and instructors should clarify this for the students before they complete the first chapter. The Laboratory exercises reinforce listening and speaking skills, and strengthen retention of the chapter content. Each Laboratory chapter opens with a **Per cominciare** section that reviews the vocabulary presented in the corresponding chapter of the text. The **Struttura** section, like its counterpart in the Workbook, provides additional practice of the grammar points presented. The **Per comunicare** section expands on the text element of the same name. Each Lab chapter concludes with a culminating comprehension activity in the **Comprensione** section.

The Laboratory Manual, like the Workbook, is flexible. Instructors can assign portions of a chapter as the content is covered in class, while some might find it more effective to have the students complete the entire chapter at one time. This may work best if the Workbook exercises have been completed first. Instructors can also ask students to self-correct with the answer key, if desired. An answer key and the lab audio script are available to instructors on the *Da capo* website.

Indice

Dove vai in ferie quest'anno?

PAROLE ED ESPRESSIONI NUOVE

Per cominciare

Passatempi. Come preferiscono passare il tempo libero queste persone? Scegliere la risposta corretta.

1. Maria ha sempre troppo freddo. In inverno, preferisce...
   a. sciare.
   b. andare in moto.
   c. giocare a scacchi.

2. Tina adora il mare. Infatti, quest'estate vuole...
   a. andare in montagna con i genitori.
   b. andare in barca a vela con un amico.
   c. visitare Milano.

3. Tre studenti universitari studiano italiano negli Stati Uniti. Amano parlare di cultura italiana e decidono di...
   a. fondare un circolo italiano.
   b. affittare una villa in Toscana.
   c. giocare a bocce.

4. Enrico va in montagna ogni week-end. Ama la natura e il suo passatempo preferito è...
   a. fare alpinismo.
   b. visitare i musei.
   c. studiare in biblioteca.

5. Il sabato pomeriggio io e mio fratello stiamo in casa a...
   a. pescare.
   b. giocare a carte.
   c. nuotare.

6. La musica è molto importante per me. Voglio imparare a...
   a. andare in barca a vela.
   b. chiacchierare.
   c. suonare uno strumento.

Capitolo **1**

Lettura

In giro in Vespa. Usando il vocabolario della lettura «Vespa», inserire le parole per completare il cruciverba.

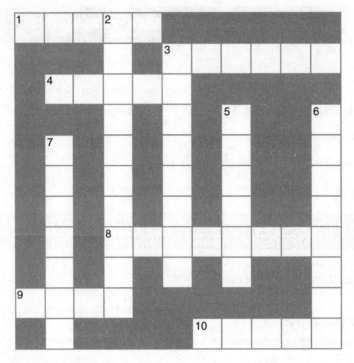

1. Una marca di motorino.

2. Collezionare francobolli è un _____.

3. È un sinonimo di legge.

4. È necessario usarlo per andare in moto.

5. A Nanni Moretti piace _____ in Vespa per la città di Roma.

6. È una storia breve.

7. Ho una _____ di caffè sulla giacca!

8. È simile a una moto, ma più piccolo.

9. È un sinonimo di leggenda.

10. È una parte di un'opera letteraria.

Studio di parole

Si mettono d'accordo? Chiara e Roberto discutono al telefono. Completare il paragrafo con le seguenti parole ed espressioni. Fare le modifiche necessarie.

smettere	sposo	avere
fermata	mettersi d'accordo	avere voglia di
stare	andare d'accordo	avere torto
circa	essere sbagliato	avere sonno
sposare	essere giusto	

Chiara _____ *per* _____ *Roberto, il suo fidanzato da tre anni.*

Gli _____ *parlano al telefonino ma non* _____ .

«Roberto, perché non _____ di fumare? Sai che odio il fumo! Non

_____ abitare in un appartamento che puzza.» «Chiara, questa idea

_____ ! Io _____ 28 anni e sono adulto. E sai bene che fumo da

_____ 15 anni. Chiara, perché parli sempre con Giuseppe? Lui ti ama ancora.

Questo non _____ .» «Roberto, tu _____ ! Io e Giuseppe siamo

amici e basta. Senti, è tardi ed io _____ . Devo essere alla _____

alle cinque. Vado a letto. Buona notte!»

Chiara e Roberto _____ *, o no?*

STRUTTURA

Esprimere l'azione nel presente

I. *Indicativo presente*

A. I verbi regolari. Cosa dicono queste persone? Completare le frasi coniugando i verbi all'indicativo presente.

ESEMPIO   Io (mangiare) _____ gli spaghetti.

Io *mangio* gli spaghetti.

1. Io e i miei genitori (partire) _____ per le vacanze la prossima settimana.

2. Paola e Fausto (vedere) _____ un film al cinema ogni settimana.

3. Io (suonare) _____ il piano da cinque anni.

4. La lezione (cominciare) _____ alle dieci in punto e (finire) _____ a mezzogiorno.

5. Io (prendere) _____ un'aranciata. E voi, cosa (prendere) _____ ?

6. Oggi noi (restare) _____ a casa e (studiare) _____ per l'esame di italiano.

7. Tu (cantare) _____ molto bene.

8. (Pagare) _____ noi il conto!

9. La domenica io (dormire) _____ sempre fino a tardi.

10. Da quanto tempo voi (conoscere) _____ Elena?

B. I verbi irregolari. Cosa fanno queste persone? Completare le frasi coniugando i verbi all'indicativo presente.

ESEMPIO   Io / essere / entusiasta di questo corso.
           Io sono entusiasta di questo corso.

1. Mario / avere / paura dei luoghi chiusi. Lui non / salire / mai in ascensore.

   _____

2. Voi studenti / dovere / studiare molto se / volere / imparare!

   _____

3. Elisa, / potere / giocare a carte?

   _____

4. Io / andare / al cinema, ma non / sapere / il titolo del film.

   _____

5. Gli studenti / tradurre / le frasi in italiano.

   _____

6. Silvia ed io / uscire / stasera, ma Guido / rimanere / a casa.

   _____

7. Carla, che cosa / bere /? La Coca-Cola o il Chinotto?

   _____

8. I ragazzi / venire / sempre al mare con noi.

   _____

9. Noi / dire / «pronto» quando / fare / una telefonata.

   _____

10. Quando tu / essere / in vacanza, non / dare / gli esami!

    _____

(Parlare di persone senza nominarle)

■ II. *Pronomi personali soggetto*

Nel tempo libero... Cosa fanno queste persone nel tempo libero? Inserire il pronome personale soggetto.

Oggi _____ vanno in moto. E _____, che cosa fai? Quando fa caldo, _____ fate il bagno al mare. A mia sorella piace leggere, ma _____ non leggo mai. I miei fratelli? _____ giocano a frisbee. Marco? _____ preferisce lo skateboard. E Giovanna? _____ scrive poesie.

Identificare oggetti e persone

■ III. *Nomi*

A. Maschile o femminile? Riscrivere i nomi dal maschile al femminile, o dal femminile al maschile, secondo gli esempi.

ESEMPI studente *studentessa*
studentessa *studente*

1. professore _____
2. sorella _____
3. cantante _____
4. amica _____
5. autrice _____
6. collega _____
7. signore _____
8. farmacista _____
9. pittore _____
10. marito _____
11. attore _____
12. dottoressa _____
13. dentista _____
14. mamma _____
15. poeta _____

B. Uno o tanti? Riscrivere i nomi dal singolare al plurale, o dal plurale al singolare, secondo gli esempi.

ESEMPI gatto *gatti*
gatti *gatto*

1. caffè _____
2. madre _____
3. film _____
4. sorelle _____
5. laghi _____
6. uovo _____
7. moto _____

8. farmacie _____

9. biologo _____

10. tesi _____

11. cinema _____

12. pianisti _____

13. vacanza _____

14. dito _____

15. braccia _____

 LEGGIAMO!

■ Lettura: *Le carte*

I giochi di carte costituiscono uno dei passatempi più diffusi per gli Italiani di tutte le età. Esistono infatti numerosi giochi di carte, alcuni con regole complicate, altri con regole più semplici, adatti[1] anche ai bambini più piccoli.

La storia delle carte è controversa e soggetta a molte speculazioni. La loro origine è probabilmente orientale, quasi sicuramente cinese. In Europa, le carte si sono diffuse inizialmente in Italia e in Spagna intorno al 1370, e poi anche in altri paesi europei. Dapprima passatempo per nobili e ricchi, le carte si sono poi diffuse in tutte le classi sociali.

Nel corso della storia, le carte hanno cambiato disegni e anche dimensioni. Oggi le carte da gioco si differenziano soprattutto per il modo in cui sono raffigurati i semi. In Francia sono stati inventati i semi più conosciuti e usati: cuori, picche[2], quadri e fiori[3]. Tuttavia, alcuni paesi europei come Italia, Spagna, Germania e Svizzera, hanno sviluppato anche altri semi. In Italia, ad esempio, troviamo anche mazzi[4] di 40 carte con semi e disegni diversi, chiamati denari, coppe, spade[5] e bastoni[6]. È da ricordare inoltre che intorno al 1440 in Italia sono stati inventati i tarocchi, che oggi sono usati anche in altre nazioni non solo come carte da gioco ma per «predire il futuro». Questo tipo di carte è molto bello, con disegni artistici e molto colorati.

Gli Italiani sono grandi amanti dei giochi di carte. Spesso gli Italiani di ogni età si trovano a giocare a carte a casa di amici, parenti, o al bar, o, d'estate, anche in spiaggia. Ci sono giochi da fare in due, tre, quattro o più persone. I giochi più conosciuti sono Scala Quaranta, Scopa, Briscola, Bridge, e, tra i bambini, Rubamazzetto. Ma ci sono anche i solitari, che appassionano molti Italiani e che, come suggerisce il nome, vengono giocati da soli, senza nessun compagno.

_____

[1]appropriate [2]spades [3]clubs [4]decks [5]swords [6]sticks

■ Domande

A. Domande di comprensione

1. In quale parte del mondo sono state probabilmente inventate le carte?
   a. In Italia   b. In Cina   c. In Spagna

2. Quando si sono diffuse in Europa? In quali paesi inizialmente?
   a. 1440, in Germania e Austria
   b. 1370, in Svizzera e Egitto
   c. 1370, in Spagna e Italia

3. Che cosa sono i tarocchi?
   a. Carte francesi   b. Carte per giocare   c. Carte per giocare e per
                        a Poker   predire il futuro

4. Di solito, dove giocano a carte gli Italiani?
   a. A casa e al bar   b. A scuola   c. Al ristorante

5. Quali sono i giochi più conosciuti?
   a. Tarocchi e Bridge   b. Solitario e scacchi   c. Scopa e Scala Quaranta

6. Abbinare le seguenti figure con i semi corrispondenti.

I semi francesi	I semi italiani
cuori	denari
quadri	coppe
picche	spade
fiori	bastoni

 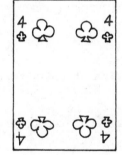  

a. ———————   b. ———————   c. ———————   d. ———————

  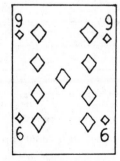 

e. ———————   f. ———————   g. ———————   h. ———————

B. Domande personali

1. Ti piace giocare a carte? Giochi spesso? Con chi?

_____

_____

2. Conosci uno o più dei giochi italiani nominati nel testo? Quali?

_____

3. Ti piace fare i solitari? Perché?

_____

4. Giochi a carte anche con il computer? Perché?

_____

5. Le carte sono un passatempo molto diffuso in Italia. Quali sono i tuoi passatempi preferiti?

_____

_____

 SCRIVIAMO E COMUNICHIAMO!

Per comunicare

Al telefono. Paola telefona a Fausto per invitarlo ad andare a vedere una mostra sui pittori italiani del Novecento. Completare il dialogo con le seguenti parole ed espressioni.

va bene   che ne dici di andare
ti va di   pronto
ci sentiamo, allora   l'avessi saputo prima
con piacere   a che ora ci vediamo
mi dispiace

PAOLA: _____, Fausto? Ciao, sono Paola, come stai?

FAUSTO: Bene, e tu?

PAOLA: Non c'è male! Senti, domani pomeriggio vado con alcuni amici a vedere una

          mostra sui pittori italiani del Novecento. _____ venire

          con noi?

FAUSTO: Domani pomeriggio? Oh no, _____, sono impegnato

          con mio cugino. _____ ... Però sono libero sabato

          pomeriggio. _____ al cinema insieme?

PAOLA: _____! Possiamo incontrarci in centro, davanti al solito

          bar. _____? Io sono libera dalle tre in avanti.

FAUSTO: _____, allora ci vediamo alle tre al solito posto.

          Comunque ti richiamo venerdì pomeriggio, così ci mettiamo d'accordo.

PAOLA: Perfetto. _____. Ciao Fausto, a presto!

FAUSTO: Ciao Paola!

■ Ora scrivi tu!

La famiglia Alighieri. In questo capitolo hai imparato quali sono alcuni dei passatempi degli Italiani. Abbiamo anche parlato delle ferie e delle vacanze in Italia. Ecco una foto della famiglia Alighieri in vacanza! Chi sono e che cosa fanno? Scrivi un paragrafo di circa 50 parole. Usa l'indicativo presente.

_____

_____

_____

_____

_____

_____

_____

_____

Ti ricordi? Adesso e prima

2 Capitolo

PAROLE ED ESPRESSIONI NUOVE

Per cominciare

I giovani italiani. I giovani di oggi hanno diversi interessi. Abbinare le parole della colonna di sinistra con le definizioni della colonna di destra.

_____ 1. il nuoto

_____ 2. il telefonino

_____ 3. il luogo di ritrovo

_____ 4. allegro

_____ 5. il videogioco

_____ 6. solitario

_____ 7. il messaggino

_____ 8. la ripetizione

_____ 9. la tata

_____ 10. l'animatore

a. felice

b. una persona che non ama la compagnia

c. organizza attività ricreative

d. un gioco per computer

e. un posto per incontrarsi

f. lo scrivi con il telefonino

g. cura i bambini

h. uno sport praticato in piscina

i. il cellulare

j. una lezione privata

Lettura

Com'era mio nonno? E cosa facevamo insieme? Scegliere la risposta migliore, usando il vocabolario dal brano «Zia Mela»:

1. Mi ricordo _____ che mio nonno usava per camminare.
   a. il bastone da passeggio　　b. la teglia　　　　　　c. la guancia

2. A lui piaceva comprare i regali per me. Non era _____.
   a. teso　　　　　　　　b. avaro　　　　　　　c. assorto

3. Mio nonno era debole, ma era un uomo _____ e non chiedeva aiuto.
   a. al buio　　　　　　b. attiguo　　　　　　c. oroglioso

4. Mi piaceva molto guardare le foto con lui e parlare delle _____ della nostra famiglia.
   a. radici　　　　　　b. posate　　　　　　c. garanzie

5. Mio nonno voleva tramandare a me le tradizioni della famiglia. Cucinavamo insieme le lasagne, e io lavavo _____.
   a. appendere　　　　b. malgrado　　　　　c. la teglia

Studio di parole

Istruito o educato? Scegliere la parola che completa meglio la frase.

1. È una bella giornata oggi. Perché non (camminiamo / andiamo a piedi) in ufficio?

2. Abbiamo programmato le nostre vacanze estive. (Pensiamo di / Pensiamo a) andare in Italia.

3. I miei nonni (si sposano / sono sposati) da 50 anni!

4. Quante cose sa Enrico! È molto (educato / istruito).

5. Laura è davvero innamorata! (Pensa a / Pensa di) Marco in ogni momento!

6. (Ci sposiamo / Siamo sposati) il prossimo settembre.

 STRUTTURA

Parlare di eventi passati

■ I. *Imperfetto*

Le cose che accadono oggi accadevano anche nel passato! Riscrivere le frasi, cambiando i verbi dal presente all'imperfetto.

ESEMPIO   Bevo l'acqua minerale ogni giorno.
Bevevo l'acqua minerale ogni giorno.

1. Gli studenti parlano sempre al telefonino.

_____

2. Abbiamo degli amici allegri.

_____

3. Andate molto in palestra?

_____

4. C'è un messaggio per te.

_____

5. Luigi legge mentre Francesca guarda la televisione.

_____

6. Il tempo è bellissimo!

_____

7. Gioco a scacchi ogni sabato.

   _____

8. Vieni spesso a trovarmi in Italia.

   _____

9. Sono tre anni che suono il pianoforte.

   _____

10. Dice che vuole comprare una bambola.

   _____

Identificare oggetti e persone

■ II. *Aggettivi*

A. Il genere degli aggettivi. Riscrivere i nomi e gli aggettivi dal maschile al femminile, o dal femminile al maschile.

ESEMPI   studente attento   *studentessa attenta*

              studentessa attenta   *studente attento*

1. ragazzo intelligente _____

2. moglie simpatica _____

3. donna ottimista _____

4. zio stanco _____

5. mamma giovane _____

6. bambino contento _____

7. signora antipatica _____

8. professoressa nuova _____

9. ragazza ricca _____

10. nonno felice _____

B. Uno o tanti? Riscrivere i nomi e gli aggettivi dal singolare al plurale, o dal plurale al singolare.

ESEMPI   gatto affettuoso   *gatti affettuosi*

              gatti affettuosi   *gatto affettuoso*

1. lungo lago _____

2. zio gentile _____

3. vestiti blu _____

4. uomini egoisti _____

5. orologio vecchio _____

6. parchi immensi _____

7. uovo sodo _____

8. università straniera _____

9. braccio rotto _____

10. catalogo turistico _____

■ III. *Articolo indeterminativo*

A. Il dottor Marino. Chi è? Inserire la forma corretta dell'articolo indeterminativo. Scrivere una *X* quando l'articolo non è necessario.

Il dottor Marino è _____ psicologo molto bravo. Ha _____ famiglia molto grande e anche _____ cane che si chiama «Fido». Sua figlia ha _____ amica italiana che da grande vuole diventare _____ psicologa.

B. Mio marito. Com'è? Inserire la forma corretta di *buono* o *nessuno*.

Mario è un _____ marito. Il sabato fa sempre dei _____ ravioli per me! Oggi è il mio compleanno ma non ho _____ voglia di uscire. Preferisco stare a casa con Mario e mangiare una _____ torta. Lui non ama _____ altra donna; ama solo me.

(Contare)

■ IV. *Numeri cardinali*

Quanto costa? Qual è e quanto costa l'ultima cosa che hai comprato con grande soddisfazione? Alcune persone rispondono. Scrivere il prezzo dei seguenti articoli.

ESEMPIO   Una scatola di cioccolatini
€12,50 *dodici euro e cinquanta centesimi*

1. Una vacanza ai tropici per due persone
   €3.500,00 _____

2. Un caffè
   €1,70 _____

3. Il dizionario d'italiano
   €75,99 _____

4. Un appartamento in città

   €390.000,00 _____

5. Un telefonino con macchina fotografica digitale

   €250,00 _____

6. Un pacchetto di caramelle

   €1,50 _____

7. Un nuovo mouse per il mio computer

   €39,99 _____

8. Uno stereo

   €150,00 _____

9. Una villa in Toscana

   €1.500.000,00 _____

10. Un biglietto della lotteria

    €1,00 _____

11. E tu, cosa vuoi comprare? Quanto costa?

    _____

    _____

Parlare del tempo

■ V. *Il tempo*

Che tempo fa? Ecco cinque disegni dell'Italia. Scrivere una frase che descrive il tempo.

1. _____

   _____

2. _____

_____

3. _____

_____

4. _____

_____

5. _____

_____

LEGGIAMO!

■ **Lettura:** *Quand'ero alle elementari...*

Tre ragazzi parlano di quando erano bambini.

ENRICO: Quando ero bambino, avevo una grande passione: gli aeroplani. Ricordo che facevo aeroplani di carta ogni giorno e, quando il tempo era bello, andavo sul balcone del primo piano della nostra casa per farli volare[1]. Lanciavo gli aerei con tutta la mia forza, poi restavo a guardarli mentre lentamente scendevano e si posavano sull'erba del giardino. Quando toccavano terra, correvo giù per le scale, li raccoglievo[2] e tornavo su, sul balcone del primo piano, e ancora li facevo volare. Per me era un grande divertimento. Inoltre, quando c'era il vento, mio padre portava me e mia sorella al parco, e insieme facevamo volare l'aquilone. Avevo un'altra passione da piccolo: leggere le avventure di Topolino, che la mia mamma mi comprava ogni settimana.

GIULIA: Da bambina, mi piaceva molto leggere. Leggevo sempre; a scuola, a casa, e anche di notte, a letto. Dovevo dormire, ma continuavo a leggere sotto le coperte con la torcia[3] e spesso non potevo neanche dormire! Leggevo tutto, specialmente i libri che le mie sorelle maggiori portavano a casa. Quando avevo otto anni ho letto *Dracula*. Avevo tanta paura, mi sembrava di sentire le ali[4] di un grande pipistrello[5] alla finestra! A scuola, quando le lezioni erano noiose, tenevo il libro sotto il banco[6] e leggevo. Un giorno, la professoressa d'italiano mi ha visto e ha buttato via[7] il mio libro! Oltre a[8] leggere, mi piaceva giocare con le mie sorelle.

LUCA: Mi dicono tutti che quando ero piccolo ero un bambino tremendo! Ero molto vivace, non riuscivo a stare fermo più di cinque minuti. Ricordo che i miei genitori cercavano di farmi stare seduto[9] a tavola per mangiare, ma non c'era niente da fare. Mentre mio fratello e mia sorella mangiavano tranquilli io continuavo ad alzarmi per prendere uno dei miei giochi o semplicemente per fare un breve giro intorno al tavolo. All'asilo correvo e urlavo più degli altri bambini, per grande disperazione delle mie maestre. Alle elementari le cose non erano ancora migliorate[10]: ero sempre l'ultimo ad entrare in classe quando la lezione iniziava e sempre il primo ad alzarmi dalla sedia quando la lezione finiva. Al pomeriggio, la mia mamma doveva avere molta pazienza per farmi fare i compiti.

[1]**farli...**: make them fly [2]**li...**: I picked them up [3]flashlight [4]wings [5]bat [6]desk [7]**ha...**: threw away [8]**Oltre...**: Besides [9]**farmi...**: make me stay seated [10]improved

■ Domande

A. Domande di comprensione

1. Quando Giulia era bambina
   a. dormiva sempre.
   b. scriveva molto.
   c. leggeva spesso.

2. Enrico si divertiva a
   a. far volare l'aquilone e i fumetti.
   b. leggere Topolino e *Dracula*.
   c. fare gli aeroplani e leggere i fumetti.

3. Luca era un bambino
   a. tranquillo.
   b. timido.
   c. vivace.

4. A Giulia piaceva giocare
   a. con i suoi fratelli.
   b. con le sue sorelle.
   c. con la maestra.

5. Amava leggere i fumetti
   a. Luca
   b. Giulia
   c. Enrico

6. Amavano leggere
   a. Giulia e Enrico
   b. Enrico e Luca
   c. Giulia e Luca

B. Domande personali

Quando eri bambino/a...

1. qual era il tuo gioco preferito?

   _____

2. ti piaceva leggere? Cosa leggevi (libri di avventura, fumetti, ...)?

   _____

3. avevi un migliore amico/una migliore amica? Come si chiamava? Era più grande o più piccolo/a di te?

   _____

4. eri un bambino/a tranquillo/a o vivace? Eri bravo/a a scuola?

   _____

5. Hai un ricordo particolarmente piacevole di quando eri piccolo/a? Parlane brevemente.

   _____

   _____

   _____

 SCRIVIAMO E COMUNICHIAMO!

Per comunicare

La macchina «nuova». Marco incontra Stefano, che recentemente ha comprato una macchina usata. Completare il dialogo con le seguenti parole ed espressioni.

vuoi dire che	mi spiego
correggimi se sbaglio, ma	mi hanno detto che
dai, racconta	a dir la verità
veramente	stai scherzando

MARCO: Ciao Stefano! _____ hai comprato una macchina nuova! _____!

STEFANO: Sì, è vero, ho comprato una macchina. Ma, _____, non è proprio nuova!

MARCO: _____ è usata?

STEFANO: Sì! _____: volevo comprare una macchina nuova, ma quella che mi piaceva costava 20.000 euro!

MARCO: _____! Era davvero molto cara.

STEFANO: Infatti. Non avevo abbastanza soldi, allora ho deciso di comprare una macchina usata. L'ho pagata circa 10.000 euro. E stasera esco con Giovanna, la mia ragazza!

MARCO: _____ la tua ragazza non si chiamava Gabriella?

STEFANO: _____ sì, ma non siamo più insieme. Ora ho una nuova

ragazza. Ciao Marco, devo andare a lezione.

MARCO: Ciao Stefano, a presto!

■ Ora scrivi tu!

Da bambino/a... In questo capitolo hai imparato a parlare del passato. Hai anche letto dell'infanzia e dei ricordi di diverse persone. Ora scrivi tu della tua infanzia. Com'eri? Com'era la tua famiglia? Dove abitavi? Che cosa preferivi fare? Usa l'imperfetto e scrivi un paragrafo di almeno 50 parole.

_____

_____

_____

_____

_____

_____

_____

Mamma mia, che prezzi!

 PAROLE ED ESPRESSIONI NUOVE

(**Per cominciare**)

Un regalo per Matteo. Laura scrive un'e-mail alla sorella. Le racconta che lo scorso week-end è andata in centro a cercare un regalo per un collega che si sposa. Completare il brano con le seguenti parole.

grande magazzino	ditta
risparmiare	sconto
matrimonio	servizio di posate
caro	acquisti
quartiere	saldi

Cara Elena,

Come va? Come hai passato il week-end? Io sono andata in centro a fare acquisti con

Francesca. Come sai, io e Francesca lavoriamo per la stessa_____ .

Il prossimo mese, il nostro collega e caro amico Matteo si sposa, ed io e Francesca siamo

state invitate al _____. Dobbiamo assolutamente fargli un regalo

bellissimo! Sabato scorso siamo uscite per fare _____. Nel nostro

_____ non ci sono negozi dove poter comprare qualcosa di originale,

così abbiamo deciso di andare in un _____ in centro.

Abbiamo trovato un _____ d'argento semplice ed elegante.

È bello, ma un po' _____. Abbiamo chiesto se è possibile avere

uno _____, ma purtroppo non siamo in periodo di

_____ e il commesso non ha potuto fare niente. Però è così bello

che abbiamo deciso di metterci a _____ e di comprarlo lo stesso.

Matteo sarà felicissimo!

Scrivimi presto! Ciao,

Laura

Lettura

Me lo posso permettere? Scegliere la risposta migliore, usando il vocabolario dal brano «Un'Italiana in America: dove fare gli acquisti?».

1. Ho trovato un lavoro e ho comprato dei nuovi vestiti. Guarda com'è bello il mio _____!
   a. roba
   b. tailleur
   c. vitto

2. Ieri sono andata in pelletteria per comprare _____.
   a. una provvista
   b. i generi alimentari
   c. una borsa

3. Ho visto _____ per le scarpe da ginnastica.
   a. una réclame
   b. il dubbio
   c. un golfino

4. Per fare bella figura preferisco i vestiti firmati, ma non me li posso permettere.
   a. Mi ha consigliato bene.
   b. Vale la pena spendere molti soldi.
   c. Devo abituarmi ai vestiti economici.

5. Che ore sono? È tardi! Mamma mia, devo comprare la frutta! Per fortuna _____ è sotto casa.
   a. in compenso
   b. la bancarella
   c. apposta

Studio di parole

Qual è la parola giusta? Scegliere la parola che completa meglio la frase.

1. Quando vai in biblioteca (ritorna questo libro / restituisci questo libro).

2. Se non hai capito (alza la mano / aumenta la mano).

3. Ho (chiesto / domandato) un favore alla mia amica.

4. Partiamo venerdì sera e (ritorniamo / restituiamo) domenica.

5. Non sono ancora le otto e la mamma (si alza / è alzata) da due ore.

6. Non hanno (chiesto / fatto) molte domande.

STRUTTURA

Parlare di eventi del passato

■ I. *Passato prossimo*

A. Quanti acquisti! Lo scorso week-end c'erano molte persone al centro commerciale! Inserire la forma corretta di *avere* o *essere* e dare la terminazione corretta del participio.

1. Luisa, dove _____ trovat____ quel bel vestito?

2. Io non _____ comprat____ niente da Versace.

3. Gli studenti _____ rimast____ al centro commerciale.

4. La mia amica è stanca perché _____ camminat____ troppo.

5. Questi pantaloni _____ costat____ molto!

6. Mamma, _____ portat____ la carta di credito?

7. Noi _____ vist____ un abito stupendo.

8. Carla ____ salit____ in ascensore.

B. Da oggi a ieri... Marco descrive una sua giornata. Riscrivere il paragrafo dal presente al passato. Usare il *passato prossimo.*

Oggi parlo con la mia amica Mirella. Lei viene da me e poi andiamo a fare acquisti in centro. Mi alzo e mi lavo. Mi vesto e mi metto i jeans ed una maglietta. Quando Mirella arriva, beviamo qualcosa insieme ed usciamo. La sera ceniamo con i miei genitori. Loro si divertono molto e non smettono mai di parlare. «Prendi il pane? Cominci a mangiare?» chiede mia madre. Rimango a casa loro fino alle dieci. Torno a casa, accendo la luce, rispondo al telefono, e finalmente, vado a letto. E tu, cosa fai? Dove andate tu ed i tuoi amici?

Ieri _____

_____

_____

_____

_____

_____

_____

_____

_____

_____

Identificare persone e cose

■ II. *Articolo determinativo*

A. Un professore? No, IL professore! Inserire la forma corretta dell'articolo determinativo.

1. _____ studente
2. _____ bambini
3. _____ università
4. _____ casa
5. _____ vocabolario
6. _____ alberi
7. _____ psichiatra
8. _____ ragazze
9. _____ arance
10. _____ stato

B. Le preposizioni semplici. La signora Alocci è alla fermata dell'autobus e ascolta le persone che parlano. Che cosa dicono? Inserire la forma corretta della preposizione semplice.

1. Il libro è scritto _____ italiano.
2. Vengo _____ Italia ogni estate.
3. La giacca è _____ Carlo.
4. Preferisco andare _____ montagna.
5. Quando vai _____ teatro?
6. La domenica i miei genitori vanno sempre _____ chiesa.
7. Mio fratello non mette mai piede _____ cucina.
8. Stasera ci troviamo _____ Mario.

C. Le preposizioni articolate. Al bar le persone parlano sempre molto. Cosa dicono? Inserire la preposizione articolata corretta.

ESEMPIO   Ecco (di) il caffè.
           Ecco del caffè.

1. Vai (in) l'Italia centrale?

   _____

2. La pelletteria è (davanti a) il mercato.

   _____

3. Hanno annunciato i saldi (a) la radio.

_____

4. (Su) gli aeroplani c'è sempre tanta gente.

_____

5. Spendo troppo quando vado (in) i negozi di moda.

_____

6. Il supermercato è (lontano da) le case.

_____

7. Vuoi la borsa (invece di) i jeans?

_____

8. Hai comprato una macchina che va a 250 chilometri (a) l'ora.

_____

■ III. *Bello e quello*

Com'è bello il matrimonio! Raffaella si è sposata recentemente e racconta a tutti di suo marito. Inserire la forma corretta di *bello* o *quello*.

Mio marito è un _____ uomo. Si veste sempre bene. Vedi

_____ giacca e _____ scarpe? Come sono

_____ i suoi vestiti! Inoltre, lui ha sempre dei _____ capelli.

E le sue mani? Sono davvero _____! E guarda che _____ occhi!

Lui è uno di _____ uomini che piacciono a tutte. Come sono fortunata!

(Fare domande)

■ IV. *Interrogativi*

Molte domande. Daniele è molto curioso! Stasera è ad una festa e fa domande a tutti. Qual è la domanda? Leggere la risposta e creare una domanda usando un interrogativo.

ESEMPIO   Sto bene.
          Come stai?

1. È mio fratello.

_____

2. Ceniamo alle sette.

_____

3. Abita in Toscana.

_____

4. Perché c'era molto traffico.

_____

5. Leggiamo *La Divina Commedia* e *Il Decameron*.

_____

6. Abbiamo comprato sette golfini.

_____

7. Vado in centro in macchina.

_____

8. Il «Salvagente» è un grosso centro commerciale.

_____

Espressioni di tempo e dire l'ora

■ **V.** *L'ora*

Che ore sono? Scrivere l'ora usando una frase completa.

ESEMPIO   *Sono le sette e venti di sera / di mattina.*

1. _____

2. _____

3. _____

4. _____

5. _____

6. _____

7. _____

8. _____

9. _____

10. _____

■ VI. *Giorni, stagioni, mesi, anni*

Il tempo passa... Completare le frasi con la parola corretta.

1. Nevica e fa molto freddo in _____.

2. L'America è stata scoperta _____ 1492.

3. Il giorno prima di domenica è _____.

4. L'ultimo mese dell'anno è _____.

5. I miei amici si sposano il (9) _____ maggio.

6. _____ 1929 è stato un anno molto difficile.

7. Ho frequentato l'università _____ 2001

   _____ 2006.

8. Lavoriamo dalle nove _____ mattina alle cinque

   _____ pomeriggio.

9. Ho visto Paolo due giorni _____.

10. Il film è durato _____ due _____ quattro.

11. Il (1) _____ gennaio faremo una grande festa.

12. Che bello, partiamo _____ due giorni!

LEGGIAMO!

■ Lettura: *All'asta!*

È il compleanno di tuo padre e vuoi comprargli un bell'orologio. Cerchi su Internet e trovi un orologio all'asta *(at auction)*. Leggi l'annuncio e rispondi alle domande che seguono.

Prezzo al momento	EUR 27,50
Cronologia	<u>12 offerte</u> (Fai un'offerta)
Tempo rimasto	5 giorni 13 ore
Miglior offerente	<u>orlando32</u> (78)
Dove si trova l'oggetto	Torino, Italia

Venditore: <u>sofia459</u> (623)
Feedback positivi: 96%
<u>Leggi i commenti di feedback</u>
<u>Fai una domanda al venditore</u>

Descrizione dell'oggetto

Splendido orologio! Uno degli orologi più eleganti mai creati. Movimento automatico tedesco con calendario. L'orologio è nuovo e funziona perfettamente. Mai indossato! Con cinturino[1] in vera pelle. Impermeabile all'acqua, con cassa[2] in acciaio massiccio inossidabile[3]. Quadrante bianco con meccanismo visibile per la regolazione dell'ora. Mostra data, giorno della settimana e fasi lunari. Disponibile anche con quadrante nero. Prezzo catalogo euro 249,00! Il prezzo lo fate voi... base d'asta ridicola per questo tipo di prodotto! Auguro buona asta a tutti!
Non garantisco l'autenticità in quanto lo vendo senza scatola e senza garanzia.

Spese di spedizione	**Servizi disponibili**
EUR 13,00	Pacco celere 1 in Italia
EUR 16,00	Pacco celere in Italia
La spedizione non include l'assicurazione.	

Metodi di pagamento accettati
Pagamento in contrassegno[4]
Le maggiori carte di credito
Bonifico bancario[5]
Vaglia postale

La spedizione viene eseguita entro 24 ore dal ricevimento del pagamento.

---
[1] band
[2] case
[3] stainless steel
[4] COD
[5] Bank transfer

■ Domande

A. Domande di comprensione

1. Il venditore di questo orologio scrive che esso è...
   a. usato.
   b. in condizioni perfette.
   c. fatto di plastica.

2. L'orologio ha già ricevuto ————— offerte.

3. Quanto costa in questo momento l'orologio? _____

4. Secondo il venditore, se compri l'orologio all'asta, il prezzo è...
   a. economico.
   b. troppo caro.
   c. in saldo.

5. Se fai un'offerta e vinci l'orologio, puoi pagare con...
   a. il buono acquisto.
   b. i contanti.
   c. la VISA.

B. Domande personali

1. Quali sono le caratteristiche più belle di questo orologio? Descrivile.

_____

_____

2. Il venditore scrive che l'orologio non ha garanzia. Perché?

_____

_____

3. Hai deciso? Vuoi comprare questo orologio? Perché?

_____

_____

4. Hai un orologio tu? È simile a quello all'asta? Descrivi l'orologio che hai o che desideri avere.

_____

_____

5. Hai mai comprato qualcosa all'asta? Racconta la tua esperienza. Se no, hai mai visitato un sito di aste o vuoi visitarne uno? Perché?

_____

_____

_____

SCRIVIAMO E COMUNICHIAMO!

Per comunicare

Mi fa lo sconto? Anna entra in un negozio di abbigliamento per comprare un golfino per il suo ragazzo. Completare il dialogo con le seguenti parole ed espressioni.

mi piace   avrebbe per caso
vorrei vedere   mi fa lo sconto
lo prendo   quanto costa
desidera   non è proprio quello che cercavo

COMMESSA: Buongiorno, signorina. _____?

ANNA: Buongiorno. _____ un golfino da uomo.

            _____ un golfino di cotone blu?

COMMESSA: Certo, ne abbiamo diversi. Ora gliene mostro uno. Ecco. Le piace questo?

ANNA: Mah, _____. Me ne fa vedere un altro?

COMMESSA: Ecco, questo è un modello nuovo. Le piace?

ANNA: Sì, _____. _____?

COMMESSA: Costa 70 euro.

ANNA: È un po' caro, ma è proprio bello. _____?

COMMESSA: Va bene, posso farle 5 euro di sconto.

ANNA: Perfetto, allora _____. Grazie. Arrivederci.

COMMESSA: Arrivederci!

■ Ora scrivi tu!

Io e la moda. In questo capitolo avete imparato le espressioni da usare per parlare dei vestiti e della moda. Per te è importante la moda? Preferisci i vestiti sportivi o eleganti? Dove compri di solito i tuoi vestiti? Scrivi un paragrafo di almeno 50 parole.

_____

_____

_____

_____

_____

_____

_____

_____

Dove abiti?

Capitolo 4

PAROLE ED ESPRESSIONI NUOVE

Per cominciare

Scopri la parola! Mettere in ordine le lettere tra parentesi per trovare la parola nascosta che corrisponde alla definizione.

ESEMPIO   Una persona che conosco (enctocsone)
 <u>c</u> <u>o</u> <u>n</u> <u>o</u> <u>s</u> <u>c</u> <u>e</u> <u>n</u> <u>t</u> <u>e</u>

1. Una parte della città (iarueteqr)

   ____ ____ ____ ____ ____ ____ ____ ____

2. Un appartamento molto piccolo (laoclomeno)

   ____ ____ ____ ____ ____ ____ ____ ____

3. Ufficio (outdsi)

   ____ ____ ____ ____ ____ ____

4. Casa (eanobitzai)

   ____ ____ ____ ____ ____ ____ ____ ____ ____

5. Parlare (efrauedecaihcihecr)

   ____ ____ ____ ____ ____ ____ ____ ____ ____

   ____ ____ ____ ____ ____ ____ ____ ____ ____

6. Della città (bnrauo)

   ____ ____ ____ ____ ____ ____

7. Una costruzione, un palazzo (ioifeicd)

   ____ ____ ____ ____ ____ ____ ____ ____

8. Serve per una sola famiglia (inaeiauirmfl)

   ____ ____ ____ ____ ____ ____ ____ ____ ____ ____ ____

Lettura

Sul lago Maggiore. Giulio parla del luogo dove abitava da bambino. Completare il paragrafo, alla pagina seguente, con le seguenti parole ed espressioni. Fare le modifiche necessarie.

paesaggio	collina	panchina
palazzo	cassetta della posta	paese
lanciare	campagna	periferia

Da giovane abitavo in Italia, sul lago Maggiore. La mia famiglia aveva preso in affitto una

casa in _____ alla _____ di un piccolo

_____. Il lago era bellissimo e il _____

era stupendo. La nostra casa, che era su una _____, mi sembrava

grandissima, quasi un _____! In giardino avevamo una

_____ dove mi sedevo a leggere. C'era anche un bel balcone dal

quale le mie sorelle _____ gli aeroplani di carta. Ogni giorno

aspettavo con impazienza l'arrivo del postino, e non appena lo vedevo arrivare, correvo alla

_____ per prendere le lettere. Un giorno, mentre correvo, sono

caduto! Da quel momento, non mi piace più andare a prendere la posta!

Studio di parole

Il monologo di Chicco. Chicco parla sempre molto. Non lascia parlare nessun altro, e i suoi dialoghi assomigliano a dei monologhi! Adesso parla con un amico all'università. Scegliere la parola che completa meglio la frase.

1. Per piacere, mi (dici / racconti) che ore sono?

2. Ho perso l'orologio. Non riesco a (vederlo / trovarlo).

3. Alle quattro, (dimenticami / ricordami) di telefonare alla mia ragazza.

4. La (so / conosco) da sei mesi.

5. Vorremmo prendere (in affitto / a nolo) un appartamento insieme vicino all'università.

6. Mi piace molto la mia ragazza. È intelligente, simpatica e (sa / conosce) suonare la chitarra benissimo.

7. È anche molto spiritosa e (dice / racconta) spesso barzellette.

8. Devo telefonarle per metterci d'accordo per stasera. Andiamo al cinema a (trovare / vedere) un film italiano. Vuoi venire con noi?

 STRUTTURA

Narrare al passato

■ I. *Passato prossimo e imperfetto*

Una settimana di vacanza (terribile). L'estate scorsa, Ugo ha passato una settimana di vacanza con gli amici. Completare il brano coniugando i verbi indicati al passato prossimo o all'imperfetto.

L'estate scorsa, io e i miei amici (PASSARE) _____

una settimana in montagna. (noi/PARTIRE) _____

il 12 agosto e (TORNARE) _____ il 19. (noi/ESSERE)

_____ sulle Alpi. Che meraviglia le Alpi! Il tempo (ESSERE)

_____ bellissimo. C' (ESSERE) _____

il sole ogni giorno e (FARE) _____ caldo. La sera, però,

(FARE) _____ freddo, e gli sbalzi di temperatura mi (FARE)

_____ venire il raffreddore! Quando (io/PARTIRE)

_____ (io/ESSERE) _____ molto contento,

ma ben presto (io/CAPIRE) _____ che quella vacanza non (ESSERE)

_____ la cosa migliore per me! Ogni giorno i miei amici (VOLERE)

_____ alzarsi presto, ma a me, la mattina, piace dormire.

(noi/USCIRE) _____ di casa prima delle nove e (ANDARE)

_____ a fare una camminata. A me piace camminare, ma non in

salita! Una volta, poi, i miei amici (DECIDERE) _____ di passare la

notte all'aperto, così (PARTIRE) _____ con la tenda[1]. (io/ESSERE)

_____ molto emozionato, perché per la prima volta in vita mia

(POTERE) _____ passare una notte in tenda. Alla sera, il mio amico

Giorgio (ACCENDERE) _____ un fuoco e (CUCINARE)

_____ salsicce e polenta. Dopo cena, Enrico (SUONARE)

_____ la chitarra e noi (CANTARE) _____

tutti insieme. Tutti (ESSERE) _____ felici. Poi, però,(COMINCIARE)

_____ nuovi problemi per me. I lupi (ULULARE)

_____ e io (AVERE) _____ troppa paura

per dormire. A mezzanotte (PIOVERE) _____ e l'acqua (ENTRARE)

_____ nella tenda. (io/SENTIRE) _____ dei

rumori strani, e (PENSARE) _____ che fosse un orso o il bigfoot! In

più, il mio compagno di tenda (RUSSARE) _____.

   Quella notte (ESSERE) _____ davvero terribile! Non (io/DORMIRE)

_____ per niente. La mattina, Gabriella e Paola (PREPARARE)

_____ un'ottima colazione, e poi io e Enrico (SMONTARE)

_____ le tende e (RIPARTIRE) _____.

   Ogni giorno io e i miei amici (FARE) _____ qualcosa di diverso.

(io/DIVERTIRSI) _____ sempre molto con i miei amici, ma dopo

questa vacanza (DECIDERE) _____ che la prossima estate vado al

mare in albergo!

_____
[1]tent

Parlare di cose o persone senza nominarle

■ II. *Pronomi personali (oggetto diretto)*

Anna è andata a trovare la sua amica Francesca. Parlano della casa al mare che Anna e suo marito vogliono comprare. Riscrivere la frase sostituendo un pronome oggetto diretto.

ESEMPIO   Vedo *la casa.*
            La vedo.

1. Compriamo *una casa al mare.*

    _____

2. Ecco *le lettere dall'agente immobiliare!*

    _____

3. Devi invitare *noi* nell'appartamento nuovo.

    _____

4. L'agente chiama *voi due* stamattina.

    _____

5. Voleva offrire *un appartamento ammobiliato.*

    _____

6. Non accettano *i cani!*

    _____

7. Consiglio *te* quando vuoi.

    _____

8. Non vuoi portare *me* a vedere l'appartamento?

    _____

■ III. *L'accordo del participio passato*

Cose da fare e cose già fatte. Riscrivere le seguenti frasi dal presente al passato prossimo facendo le modifiche necessarie.

ESEMPIO   La vedo.
            L'ho vista.

1. Li studia ogni sera.

    _____

2. Le portiamo a casa.

    _____

3. Devi comprarle.

_____

4. Mi capiscono?

_____

5. Ci invitano alla festa.

_____

6. La comprate per l'appartamento?

_____

(**Negare e contraddire**)

■ IV. *Negativi*

Che persona incoerente! Domenico è incoerente e inaffidabile. Dice una cosa, e poi dice subito il contrario. Nessuno più gli crede. Riscrivere le seguenti frasi utilizzando le espressioni negative indicate tra parentesi.

ESEMPIO   Alla festa c'era anche Lucia. (neanche)
            Alla festa non c'era neanche Lucia.

1. Vedo i miei amici sempre. (mai)

_____

2. Luca ha mangiato tutto. (niente)

_____

3. È venuta anche Giovanna. (nemmeno)

_____

4. Ho comprato sia la pasta, sia il sugo. (né, né)

_____

5. Vedo tutti. (nessuno)

_____

6. Sono le otto di sera e abbiamo già mangiato. (non ancora)

_____

7. Ho molto sonno stasera. (affatto)

_____

8. Vado ancora in palestra. (più)

_____

Indicare proprietà

■ V. *Aggettivi e pronomi possessivi*

Il mio o il tuo? Inserire la forma corretta dell'aggettivo o del pronome possessivo con l'articolo determinativo quando è necessario.

ESEMPIO   Carlo parla a _____ cane.
           Carlo parla _____*al suo*_____ cane.

1. Maria vede _____ fratello.

2. Alberto e Riccardo invitano _____ amici.

3. Sono di Maria questi quadri? Sono _____?

4. Io telefono a _____ madre.

5. Noi incontriamo _____ cugini allo zoo.

6. Voi due, ecco _____ matite!

7. — Fausto, è questa _____ casa?

   — No, _____ è quella!

8. Giovannina abita con _____ ragazzo.

 LEGGIAMO!

■ Lettura: *Alla ricerca di un appartamento*

Laura e Mathilde erano due studentesse universitarie al Politecnico di Milano. Laura era italiana e studiava ingegneria civile. Mathilde era francese e studiava matematica. Le due ragazze erano grandi amiche e un giorno hanno deciso di prendere in affitto insieme un appartamento vicino all'università. Prima di tutto, hanno guardato gli annunci sul giornale, ma non c'era niente di interessante. Così un giorno sono andate in un'agenzia immobiliare.

Laura e Mathilde hanno spiegato che volevano affittare un appartamento ammobiliato[1] con due camere da letto. L'agente immobiliare era molto gentile. Ha detto che aveva due appartamenti molto belli e ha fatto vedere loro le piantine[2]. L'agente immobiliare pensava che le ragazze non si sarebbero mai messe d'accordo! Una era molto ordinata e aveva tantissimi libri, l'altra era molto disordinata e aveva anche un cane e un gatto!

PIANTINE

Il primo appartamento era in una casa vecchia ed era composto da due camere, un bagno, una cucina, un salotto e un ripostiglio[3]. Era al primo piano su una strada con molto traffico e costava €800 al mese più le spese per l'acqua calda.

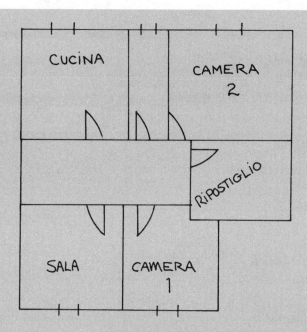

Il secondo appartamento era al settimo piano. Anche questo aveva due camere, un bagno, una cucina, una sala[4] e un piccolo ripostiglio. Era un po' più lontano dall'università, però era vicino alla fermata della metropolitana. Costava €850 al mese più l'acqua calda.

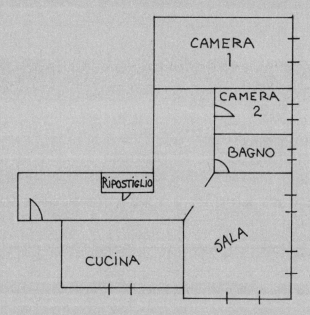

Laura e Mathilde ci hanno pensato qualche giorno, e poi hanno scelto il secondo. Offriva molto spazio per le librerie e una camera grande per il cane e per il gatto! L'unico problema era l'ascensore... Il cane aveva paura dell'ascensore e preferiva salire sette piani a piedi! Sono state molto felici in quell'appartamento!

---

[1]furnished [2]floor plans [3]storage room [4]living room

■ Domande

A. Domande di comprensione

1. Laura e Mathilde volevano vivere insieme
   a. in un'agenzia.
   b. in università.
   c. in un appartamento.

2. Laura e Mathilde preferivano un appartamento
   a. senza mobili.
   b. con due camere.
   c. con due bagni.

3. L'agente immobiliare
   a. era scortese e antipatico.
   b. amava le piante.
   c. era cortese.

4. Il primo appartamento
   a. era in una casa nuova.
   b. non aveva la cucina.
   c. era su una strada con molto traffico.

5. Nel secondo appartamento
   a. bisognava pagare l'acqua calda.
   b. non c'era la sala.
   c. c'era una sola camera.

6. Le due ragazze hanno deciso
   a. di prendere il primo appartamento.
   b. di non prendere nessun appartamento.
   c. di prendere il secondo appartamento.

B. Domande personali

1. Quando sei all'università, dove vivi? In una casa, in un appartamento, o in un dormitorio? Con chi?

   _____

   _____

2. Preferisci vivere da solo o con qualcuno? Perché?

   _____

   _____

3. In Italia, quasi tutti gli appartamenti hanno un ripostiglio, cioè una piccola stanza, generalmente senza finestra. Di solito nel ripostiglio si mettono l'aspirapolvere *(vacuum cleaner)*, la scopa *(broom)*, un armadietto *(cabinet)* con vari oggetti per la casa e a volte anche le scarpe. A casa tua, c'è un ripostiglio o una stanza simile? Cosa ci metti?

   _____

   _____

4. Descrivi la casa/l'appartamento/la stanza nel dormitorio dove vivi.

_____

_____

5. Guarda le due piantine nella lettura. Quale dei due appartamenti preferisci tu? Perché?

_____

_____

6. Ora disegna tu una piantina della tua abitazione, e scrivi il nome di ogni stanza.

SCRIVIAMO E COMUNICHIAMO!

Per comunicare

Cosa devo dire? Michael è un ragazzo americano che è appena arrivato in Italia. Ha studiato italiano negli Stati Uniti, ma non si ricorda alcune espressioni comunemente usate. Michael chiede consiglio al suo amico Franco. Usa le espressioni alla fine del Capitolo 4 del testo.

MICHAEL: Aiutami! Cosa devo dire il 25 dicembre a mia zia Dede?

FRANCO: *Alla zia Dede devi dire Buon Natale!*

MICHAEL: ...e al mio amico Marco che compie 21 anni?

FRANCO:

MICHAEL: ...e a mia cugina Paola che è malata?

FRANCO:

MICHAEL: ...e il 31 dicembre a mio cugino Davide?

FRANCO:

MICHAEL: ...e alla mia vicina di casa Emanuela a cui è morto il nonno?

FRANCO:

MICHAEL: ...e al mio compagno di classe Luca che ha passato l'esame?

FRANCO:

MICHAEL: ...e a mio cugino Matteo che si sposa il prossimo mese?

FRANCO:

MICHAEL: ...e ai miei zii che celebrano 25 anni di matrimonio?

FRANCO:

MICHAEL: Grazie!!!

■ Ora scrivi tu!

Una casa indimenticabile. In questo capitolo hai imparato a parlare delle case e dei quartieri dove abita la gente. Hai mai visto una casa che ti ha colpito *(impressed you)* particolarmente? Descrivi una casa di cui hai dei ricordi vividi. Scrivi un paragrafo di almeno 50 parole ed usa i verbi al passato prossimo e all'imperfetto.

_____

_____

_____

_____

_____

Chi conta le calorie?

PAROLE ED ESPRESSIONI NUOVE

Per cominciare

Una cena con gli amici. Marta ha invitato a cena alcuni amici e racconta ad un'amica quello che vuole preparare. Mettere in ordine le seguenti frasi, con i numeri da 1 a 10, e poi completare la storia con due frasi originali.

___1___ Stamattina sono uscita per fare la spesa per la cena di stasera.

_____ Le fragole piacciono molto ai miei amici, e voglio servirle con panna montata.

_____ Come primo ho pensato di fare gli spaghetti alla carbonara.

_____ Dovevo comprare il pane, la carne e il prosciutto.

_____ Adesso apparecchio la tavola, e poi lavo un po' di frutta fresca. Ho comprato delle pesche e delle fragole.

_____ E come dolce, tiramisù!

_____ Così sono andata dal fornaio, dal macellaio e dal salumiere.

_____ Ora ti illustro il menù.

_____ Per secondo, ho cucinato un arrosto di vitello con contorno di verdure miste.

_____ Prima, però, voglio servire un antipasto di prosciutto e melone.

11. _____

12. _____

Lettura

A. Che cos'è? Scrivere la parola corrispondente alla figura rappresentata nel disegno.

1. _____

2. _____

3. _____

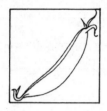

4. _____

5. _____

6. _____

7. _____

8. _____

9. _____

B. Una strana storia. Scegliere almeno sette elementi elencati nell'esercizio **A** e con essi scrivere una breve storia.

_____

_____

_____

_____

_____

_____

_____

_____

_____

Studio di parole

Suonare, giocare o recitare? Scegliere la parola corretta.

1. Le campane della chiesa (suonano / giocano) a mezzogiorno.

2. Questa minestra non (assaggia / sa) di niente.

3. Volevo fare la pizza ma il forno non (lavorava / funzionava).

4. Dopo cena (pratichiamo / giochiamo) sempre a carte.

5. La mamma ha (passato / speso) molto tempo in cucina.

6. Benigni ha (recitato / giocato) benissimo la parte di Johnny Stecchino.

7. Laura (funziona / lavora) in una rosticceria.

8. Lei sa (suonare / giocare) il mandolino?

STRUTTURA

Indicare a chi è diretta un'azione

■ I. *Pronomi personali (oggetto indiretto)*

Una cena favolosa! A tavola si chiacchiera sempre molto. Sostituire all'oggetto indiretto la forma corretta del pronome corrispondente.

ESEMPIO   Telefono a Mario per invitarlo a cena.
            Gli telefono per invitarlo a cena.

1. La mamma porta i calamari a Beppino e Mario.

   _____

2. Hai già dato il formaggio alla zia?

   _____

3. Signora, posso chiedere una ricetta a Lei?

   _____

4. Passi il sale a me, per favore?

   _____

5. Posso offrire la panna cotta a voi?

   _____

6. Ho già chiesto al nonno di prendere il vino in cantina.

   _____

7. Cecilia, vuoi portare i dolci ai bambini?

   _____

8. Questo piatto non piace a noi.

   _____

9. Sai, Roberto Benigni assomiglia a te!

   _____

10. Ho bevuto troppo vino! Il vino fa male a me!

   _____

Esprimere ciò che piace o non piace

■ II. Piacere *e verbi come* piacere

A. Il verbo piacere. Ti piace? Riscrivere le frasi usando il verbo *piacere* secondo gli esempi dati.

ESEMPI   Mangio la pizza.
          Mi piace la pizza.
          Non hai mangiato le mele.
          Non ti sono piaciute le mele.

1. Bevo il caffè.

2. Ha mangiato gli spaghetti.

3. Comprano le arance.

4. Non ordino il riso.

5. Cucini la pasta.

6. Preparate il dolce.

7. Non mangiamo mai i calamari.

8. Non hanno finito le zucchine.

B. Altri verbi simili a *piacere*. Riscrivere le seguenti frasi usando il verbo tra parentesi.

ESEMPIO   Compro il libro. (occorrere)
           Mi occorre il libro.

1. Ho solamente dieci euro. (restare)

2. Non ho il burro per la pasta. (mancare)

3. Tina ha bisogno di tre uova per la torta. (occorrere)

4. Quel ragazzo mi ricorda mio fratello. (sembrare)

_____

5. Sono triste per il mio amico. (dispiacere)

_____

Parlare di azioni che si riferiscono al soggetto

■ III. *Verbi riflessivi*

Un appuntamento importante. Giuseppina ha conosciuto Luigi su Internet. Le sembra un ragazzo molto intelligente ed affascinante! Finalmente hanno un appuntamento al ristorante alle otto. Completare ciascuna frase con la forma riflessiva del verbo tra parentesi. Poi riscrivere tutta la frase al passato.

ESEMPIO   (addormentarsi)

a. Pina _____*si addormenta*_____ alle due di notte.

b. Pina *si è addormentata alle due di notte.*

1. (svegliarsi)

a. Pina _____ alle sei di mattina.

b. _____

2. (alzarsi)

a. I suoi genitori _____ poco dopo.

b. _____

3. (lavarsi)

a. Pina _____ la faccia.

b. _____

4. (parlarsi)

a. Luigi e lei _____ al telefono.

b. _____

5. (vestirsi)

a. PINA: «Luigi, non vuoi _____ bene?»

b. _____

6. (mettersi)

a. LUIGI: «Io _____ i jeans.»

b. _____

7. (prepararsi)

a. Luigi _____ in fretta.

b. _____

8. (annoiarsi)

   a. Al ristorante, loro _____.

   b. _____

9. (lamentarsi)

   a. Dopo, io e Pina _____ al telefono.

   b. _____

10. Tu hai mai conosciuto un amico/un'amica su Internet?
    (sentirsi)

    a. Voi _____ spesso?

    b. _____

Modificare il significato di un nome o aggettivo

■ IV. *Suffissi speciali*

Un nasino o un nasone? Poche lettere possono cambiare molto il significato di una parola!
Scegliere la risposta corretta.

1. Che brutto tempo!
   a. Che tempino!
   b. Che tempone!
   c. Che tempaccio!

2. Quel bambino ha un naso bello e piccolino.
   a. Ha un nasone.
   b. Ha un nasino.
   c. Ha un nasastro.

3. Ecco il mio cugino più piccolo. È il mio
   a. cuginetto.
   b. cuginastro.
   c. cuginuccio.

4. Matteo è un ragazzo grande e grosso. È un
   a. ragazzino.
   b. ragazzetto.
   c. ragazzone.

5. Questo libro ha mille pagine. È un
   a. librone.
   b. libriciattolo.
   c. libricino.

6. Non essere maleducato! Non dire
   a. paroline.
   b. parolacce.
   c. parolucce.

Parlare di cose o oggetti in modo indefinito

■ **V.** *Aggettivi e pronomi indefiniti*

In fila al self-service. Quante cose si sentono mentre si aspetta di mangiare! Qual è la parola giusta? Scegliere la parola corretta per completare la frase.

1. Ci sono (alcuni / qualche) biscotti.

2. Speriamo che ci sia (qualcosa / qualcuno) di buono.

3. Carlo beve (qualche / troppo) vino!

4. (Tutti / Ognuno) desidera mangiare bene.

5. Mangiate (molto / molta) frutta!

6. Ci sono (poche / tutte) verdure.

7. (Tutto / Tutti) è delizioso in questo posto.

8. Di solito preparano (tanti / ciascuno) piatti buonissimi!

9. Non prendi (nessuno / niente) da bere?

10. Desidera (altro / nulla)?

■ **VI.** *Il partitivo*

Un piccolo party. Due amiche parlano di un piccolo party che vogliono organizzare. Riscrivere la frase, usando un'altra forma del partitivo. Fare i cambiamenti necessari.

ESEMPIO   Vuoi del caffè?

Vuoi un po' di caffè?

1. Dobbiamo invitare qualche amico.

   _____

2. Alcuni ragazzi non possono venire.

   _____

3. Adriana porta del formaggio.

   _____

4. Possiamo servire un po' di pane e alcuni salumi.

   _____

5. Io preparo del tè freddo.

   _____

LEGGIAMO!

■ Lettura: *A tavola!*

Tina ha invitato a cena Guido, il suo ragazzo. Gli vuole cucinare un piatto di pasta col ragù alla bolognese fatto in casa. A Tina piace molto cucinare, e a Guido piace molto mangiare! Tina ha comprato tutti gli ingredienti e vuole seguire le ricette di sua nonna Gemma.

Come si prepara un buon piatto di pasta

Mettere a bollire abbondante acqua salata. Quando bolle, versare[1] nell'acqua la pasta desiderata e lasciare cuocere per i minuti necessari. Quando la pasta è cotta al dente, colarla[2] nel colapasta e condirla[3] subito con il ragù alla bolognese.

Per preparare il ragù alla bolognese occorrono:

200 grammi di carne di manzo macinata[4]
50 grammi di pancetta
una carota, un gambo di sedano[5] e mezza cipolla
2 cucchiai di concentrato di pomodoro
mezzo bicchiere di vino rosso
un po' di brodo
olio extravergine di oliva, sale e pepe

Tritare[6] la carota, il sedano, la cipolla e la pancetta e farli soffriggere[7] in un pochino di olio. Aggiungere[8] la carne e farla rosolare[9] a fuoco vivace per qualche minuto. Aggiungere il vino e farlo evaporare rapidamente. Infine, aggiungere la salsa, il brodo, sale e pepe, mettere il coperchio e lasciare cuocere a fuoco basso per circa un'ora e mezza. Se necessario, bagnare con un po' di brodo di tanto in tanto. Quando il ragù è cotto, aggiustare di sale e pepe e... condire la pasta!

---

[1] pour
[2] drain it
[3] toss it
[4] ground beef
[5] celery
[6] Finely chop
[7] sauté
[8] Add
[9] brown

■ Domande

A. Domande di comprensione

1. Tina vuole cucinare per Guido
   a. la pasta e fagioli.
   b. la pasta col ragù che ha comprato.
   c. la pasta col ragù fatto in casa.

2. Tina segue la ricetta
   a. di Guido.
   b. della nonna.
   c. della mamma.

3. Per cucinare un buon piatto di pasta bisogna farla bollire
   a. in acqua e zucchero.
   b. in poca acqua salata.
   c. in molta acqua salata.

4. Per il ragù alla bolognese bisogna soffriggere
   a. le verdure e la pancetta.
   b. il brodo.
   c. la salsa di pomodoro.

5. Quando il ragù è cotto, occorre
   a. bagnarlo col vino.
   b. aggiustare di sale e pepe.
   c. farlo evaporare rapidamente.

6. Per la pasta col ragù alla bolognese bisogna
   a. cuocere la pasta insieme al ragù.
   b. cuocere la pasta e poi aggiungere il ragù.
   c. cuocere la pasta e il ragù nel brodo.

B. Domande personali

1. Ti piace mangiare la pasta? Quale tipo di pasta preferisci? Con quale sugo?

   _____

   _____

2. Quali cibi italiani conosci? Quali cibi italiani mangi di solito?

   _____

   _____

3. Ti piace cucinare? Cucini spesso? Per chi (per te, per la tua famiglia, per i tuoi amici)?

   _____

   _____

4. Qual è il tuo piatto preferito? Lo sai cucinare o lo mangi solo se lo prepara un'altra persona?

_____

_____

5. Quando sei all'università, dove mangi di solito? Ti piace quello che mangi o preferisci mangiare a casa della tua famiglia?

_____

_____

6. Di solito, preferisci mangiare da solo/a o in compagnia? Perché?

_____

_____

SCRIVIAMO E COMUNICHIAMO!

Per comunicare

Che cosa dicono? Scrivi quello che dicono le persone nelle seguenti situazioni. Usa le espressioni nella sezione *Per comunicare* alla fine del Capitolo 5 del testo.

_____

_____

_____

_____

■ Ora scrivi tu!

Una cena buonissima! In questo capitolo hai imparato nuove parole ed espressioni per parlare di cibo e bevande. Hai anche imparato alcune cose tipiche della cucina italiana. Ricordi una cena che ti è piaciuta particolarmente? Hai cucinato tu o qualcun altro? C'era un piatto italiano? Scrivi un paragrafo di almeno 50 parole e racconta la tua esperienza.

_____

_____

_____

_____

_____

_____

_____

_____

6

Capitolo

Che lingua parli? Come comunichi?

PAROLE ED ESPRESSIONI NUOVE

Per cominciare

Usi e costumi. Abbinare le parole della colonna di sinistra con le definizioni della colonna di destra.

_____ 1. lento   a. viene dopo

_____ 2. scoperta   b. norma, regola

_____ 3. conferenza   c. per questa ragione

_____ 4. abitudini   d. progresso

_____ 5. successivo   e. una cosa nuova

_____ 6. proprio per questo   f. di un'altra nazione

_____ 7. sviluppo   g. consuetudini

_____ 8. dirigere   h. condurre

_____ 9. legge   i. non è veloce

_____10. straniero   j. congresso

Lettura

Quanti corteggiatori! Questa è la storia di una ragazza americana in viaggio di studio in Italia, e di come riuscì a conquistare molti ragazzi! Completare il paragrafo con le seguenti parole ed espressioni. Fare le modifiche necessarie. Usare il passato remoto o l'imperfetto per i verbi.

pregiudizio   rendersi conto
volere dire   rivolgere la parola
fantasia   amicizia
farsi capire   straniero
emarginato

Due anni fa decisi di andare a studiare in Italia. Ero preoccupata perché avevo studiato

l'italiano soltanto un anno. Avevo anche paura dei _____ delle

persone. Fin dal primo giorno, però, tutti furono molto gentili con me, e ben presto

capii che le mie paure di sentirmi _____ in un paese

_____ erano esagerate. Il primo giorno di lezione una ragazza italiana

mi _____ per chiedermi un'informazione. Anche se non parlavo

italiano perfettamente, le risposi subito e mi _____ benissimo. A volte era difficile esprimere esattamente quello che _____, ma con un po' di coraggio e _____ superai ogni difficoltà. Feci presto nuove _____ e il mio soggiorno in Italia fu indimenticabile! Il mio italiano migliorò presto. Tuttavia mi _____ subito che le mie difficoltà con la lingua italiana erano anche un grande vantaggio. Tutti i ragazzi cercavano di aiutarmi, e in poco tempo avevo conosciuto così tanti ragazzi italiani carini che a volte facevo finta di non parlare italiano solo per essere aiutata da loro!

Studio di parole

Provare e riuscire. Scegliere la parola corretta.

1. Che bello spettacolo! Proprio un (successo / insuccesso)!
2. Ho (cercato / provato) di spiegarglielo, ma non ha capito.
3. Ieri è (riuscita di / successa) una cosa incredibile.
4. Non so la risposta. (Provo / Cerco) a chiederla alla mia amica.
5. Mi piace questo vestito. Posso (provarlo / cercarlo)?
6. Stasera non (riesco di / riesco a) dormire.

STRUTTURA

Parlare di eventi passati

■ I. *Passato remoto*

I miei nonni italiani. Giulia parla della sua famiglia italo-americana. Completare il brano coniugando i verbi indicati al passato remoto.

ESEMPIO   Franco (mangiare) _____ la pizza.
               Franco *mangiò* la pizza.

Mio nonno (nascere) _____ in Italia, in un paese vicino a Napoli. Lui (venire) _____ in America da giovane, ed (abitare) _____ in New Jersey per trent'anni. A Jersey City, lui (incontrare) _____ una bella donna di origine italiana. Loro (innamorarsi) _____ subito e lei (diventare) _____ la mia futura nonna! Mio nonno (trovare) _____ un lavoro in una

pizzeria e (sposare) _____ mia nonna poco dopo. Loro (avere)

_____ un figlio: mio padre. I miei nonni parlavano il dialetto

napoletano, ma (decidere) _____ di parlare in inglese con il loro

figlio. Così mio padre non (parlare) _____ mai molto bene la

lingua dei suoi genitori. Che peccato! Mi ricordo ancora la casa dei nonni. Quando avevo

otto anni, io (andare) _____ a trovarli con i miei genitori. Noi

tutti (fare) _____ i ravioli insieme e li (mangiare)

_____ a tavola. Che bel ricordo! E tu, ricordi qualcosa che i tuoi

nonni ti (insegnare) _____?

╭───╮
│ **Parlare di azioni completate prima di altre azioni** │
╰───╯

■ **II.** *Trapassato prossimo e trapassato remoto*

Cosa successe nel passato? Luca parla di alcune cose successe nel passato e di altre successe
prima. Sostituire i verbi tra parentesi con la forma corretta del trapassato prossimo o del
trapassato remoto.

ESEMPIO   Appena _____ (arrivare) a casa, gli telefonai.
           Appena *fui arrivato/a* a casa, gli telefonai.

1. Aveva cinque anni e non _____ (imparare) ancora ad andare
   in bicicletta.

2. Quando è nato mio fratello, i miei genitori _____ (sposare)
   già da tre anni.

3. Appena gli amici _____ (partire) io mi sentii molto triste.

4. Alle 10 di mattina dormivamo ancora perché _____ (andare)
   a letto tardi.

5. Luca non voleva venire a cena con noi perché _____ (mangiare) molto a pranzo.

6. Quando mi hai telefonato stamattina, io _____ (alzarsi) già da un'ora.

7. Non appena Cristina lo _____ (riconoscere), lo abbracciò.

8. Erano arrivati tardi alla festa perché _____ (perdersi).

Parlare di cose già menzionate

◼ III–IV. Ci o ne?

Alla mensa. Silvia pranza alla mensa universitaria, dove c'è sempre tanta gente. Cosa dicono gli altri studenti a tavola con lei? Completare le seguenti frasi con *ci* o *ne*.

1. Vai a casa adesso? — Sì, _____ vado subito.

2. Per piacere, potete parlare più forte? Non _____ sento.

3. Quanti golfini hai comprato? — _____ ho comprati tre.

4. Non è colpa mia! Io non _____ entro.

5. Questa è la mia composizione. Per piacere, leggila e dimmi cosa _____ pensi.

6. Come sono stanco! _____ ho messo tre ore per arrivare!

7. Ti sono piaciute le lasagne? _____ vuoi ancora?

8. Stasera non usciamo perché non _____ abbiamo voglia.

9. È tardi, non _____ è tempo da perdere!

10. Ho sonno, me _____ vado a letto.

Parlare di persone o cose senza nominarle

◼ V. *Pronomi personali (forme combinate)*

Gliel'ha detto davvero? I genitori di Tonino hanno invitato il suo professore d'italiano a cena. Ma Tonino parla sempre troppo e domina la conversazione! Riscrivere le frasi sostituendo le forme combinate dei pronomi personali. Fare le modifiche necessarie.

ESEMPIO   Preparo la minestra per lui.
           Gliela preparo.

1. Scriviamo una lettera ai nonni.

2. Dai dieci euro a me?

_____

3. Dovete portare molti regali alla mamma.

_____

4. Maria prestò la macchina nuova al fratello: che disastro!

_____

5. Mio padre ha dato dei fiori bellissimi a mia madre.

_____

6. Ci mettiamo sempre i pantaloncini quando fa caldo.

_____

7. Chiedo gli indirizzi a Lei.

_____

8. Vogliono mettersi i suoi occhiali.

_____

9. Abbiamo raccontato le favole a voi.

_____

10. C'era molta gente a lezione!

_____

LEGGIAMO!

■ Lettura: *Si dice così!*

L'italiano è senza dubbio una delle lingue più belle e musicali del mondo. Recentemente, l'interesse per la lingua italiana sta crescendo molto, e sempre più persone negli Stati Uniti e nel mondo desiderano imparare la bellissima lingua di Dante e di Boccaccio.

Uno dei punti di riferimento principali per le ricerche e lo studio della lingua italiana sia[1] in Italia che nel mondo è rappresentato dall'Accademia della Crusca. L'Accademia della Crusca fu fondata a Firenze tra il 1582 e il 1583 da sei letterati fiorentini che organizzavano animate riunioni chiamate in modo scherzoso[2] «cruscate». In queste riunioni, il gruppo di amici parlava di cultura e letteratura, ma anche di argomenti meno importanti. Il termine «cruscate» si riferisce proprio a quelle loro conversazioni di poca importanza. Da questa parola derivò il nome di Accademia della Crusca, con riferimento al lavoro di pulitura[3] della lingua. Proprio come si separa la farina buona dalla crusca[4], l'Accademia si proponeva di separare la «buona» lingua da quella «cattiva». L'opera principale dell'Accademia è il *Vocabolario*. La prima edizione fu pubblicata nel 1612, e altre edizioni seguirono nel corso dei secoli. Questo *Vocabolario* diede un contributo molto importante allo studio e alla diffusione della lingua italiana.

Oggi, l'Accademia della Crusca è ancora un importante punto di riferimento per le persone interessate allo studio della lingua italiana. Le persone che vogliono studiare italiano hanno a loro disposizione numerose altre risorse, dai libri di testo di grammatica e letteratura, alla televisione, ai romanzi, al cinema e a Internet.

Infine, non dobbiamo dimenticare che in Italia molte persone parlano anche in dialetto. In Italia, ogni regione e ogni città hanno un loro dialetto, a volte così diverso dalla lingua italiana che spesso risulta incomprensibile agli Italiani che non lo conoscono. Purtroppo questi dialetti stanno scomparendo[5], ma l'interesse verso il loro studio è sempre vivo.

Ecco due simpatici scioglilingua[6] scritti in dialetto:

Dialetto milanese:

Ti che te tachet i tac, tacum i tac! Mi che tac i tac, tacà i tac a ti che te tachet i tac? Tàchete ti i to tac!

(Italiano: Tu che attacchi i tacchi[7], attacca i miei tacchi! Io che attacco i tacchi, attaccare i tacchi a te che attacchi i tacchi? Attaccateli tu i tuoi tacchi!)

Dialetto genovese:

Ma smettila un po'! Facendo così... Ti m'iriti mi. Ti l'iriti le, e ti t'iriti ti!

(Italiano: Ma smettila un po'! Facendo così... Tu irriti me, tu irriti lui/lei, e tu irriti te!)

---

[1]whether [2]joking [3]cleansing [4]**la:** the wheat from the chaff [5]are disappearing [6]tongue twisters [7]heels

---

■ Domande

A. Domande di comprensione

1. L'Accademia della Crusca è
    a. negli Stati Uniti.
    b. bella e musicale.
    c. un punto di riferimento per lo studio dell'italiano.

2. L'Accademia della Crusca fu fondata
    a. da Dante e da Boccaccio.
    b. prima del 1580.
    c. da un gruppo di letterati fiorentini.

3. L'Accademia si occupava
   a. dello studio della lingua e della cultura italiana.
   b. di pulire la farina.
   c. di studiare la crusca.

4. In Italia molte persone
   a. stanno scomparendo.
   b. scrivono un vocabolario.
   c. parlano un dialetto.

5. Il primo scioglilingua che parla di attaccare i tacchi
   a. è in italiano.
   b. parla di persone irritate.
   c. è in dialetto milanese.

6. Nello scioglilingua in dialetto genovese, la persona
   a. irrita solo una persona.
   b. irrita più di una persona.
   c. sa attaccare i tacchi.

B. Domande personali

1. Qual è la tua lingua madre? Hai dei parenti che parlano una lingua diversa dalla tua?

   _____

   _____

2. Hai mai notato delle differenze di pronuncia quando diverse persone parlano la stessa lingua? Spiega.

   _____

   _____

3. Usi lo stesso vocabolario e la stessa pronuncia di tuo padre o di tua madre quando parli, o parli in un modo diverso? Spiega.

   _____

   _____

4. Cosa pensa la tua famiglia del modo in cui parli?

   _____

   _____

5. Hai mai sentito qualcuno parlare un dialetto italiano (ad esempio alla TV o al cinema, o un parente o un amico)? Era difficile da capire?

   _____

   _____

SCRIVIAMO E COMUNICHIAMO!

Per comunicare

Non sono d'accordo! Scrivi un dialogo in cui discuti una tua opinione con una persona che la pensa in modo diverso da te. Parlate della necessità di fare molti compiti per imparare una lingua straniera. Usa le espressioni nella sezione *Per comunicare* alla fine del Capitolo 6 del testo. Usa almeno 30 parole.

_____

_____

_____

_____

_____

_____

_____

_____

_____

■ Ora scrivi tu!

Parliamo italiano! In questo capitolo hai imparato nuove parole ed espressioni per parlare della lingua. Perché studi italiano tu? Quali altre lingue conosci? Per te, è importante studiare le lingue straniere e conoscere culture diverse dalla tua? Perché? Scrivi un paragrafo di almeno 60 parole ed esprimi la tua opinione.

_____

_____

_____

_____

_____

_____

_____

_____

_____

Che lavoro farai?

PAROLE ED ESPRESSIONI NUOVE

Per cominciare

Il mondo del lavoro. Usando il vocabolario della lettura «Vivere in Italia: Il lavoro», inserire le parole per completare il cruciverba.

1. Ho cercato lavoro per un anno. Ora ho trovato un buon _____.

2. Lavoro nel _____ immobiliare.

3. Stefano guadagna più di 2.000 euro al mese. È un buono _____.

4. In questi giorni, al presente.

5. Quei ragazzi sono sempre insieme, tra loro c'è una grande _____.

6. Ricevo molta posta ogni giorno. La mia casella è sempre piena di _____.

7. Davide lavora per una _____ che produce automobili.

8. Mia madre mi ha incoraggiato molto, il suo _____ è stato determinante.

9. Marco è una persona felice, è sempre _____.

10. Paola faceva lavori saltuari, ma finalmente ora ha un lavoro _____.

Lettura

Gli extracomunitari. Qual è la risposta giusta? Scegliere la frase migliore. Fare riferimento alla lettura «Gli extracomunitari» nel Capitolo 7 del testo.

1. Penso di emigrare in Italia. Sono seria, non è _____.
   a. un diritto
   b. uno scherzo
   c. uno straniero

2. Alcuni extracomunitari vendono _____ ai passanti.
   a. articoli di artigianato
   b. la bancarella
   c. il servizio sanitario

3. Mettono in mostra le cose da vendere _____.
   a. sotto il marciapiede
   b. su bancarelle
   c. i passanti

4. Emigrare è molto difficile, e lasciare il proprio paese _____.
   a. con un permesso di soggiorno
   b. è un gran cambiamento
   c. costa molti spiccioli

5. Gli extracomunitari regolari possono abitare in Italia con _____.
   a. organizzazioni di accoglienza
   b. la licenza
   c. il permesso di soggiorno

6. Gli extracomunitari con regolare permesso di soggiorno hanno diritto _____.
   a. agli spiccioli
   b. al servizio sanitario
   c. ai passanti

Studio di parole

Cambiare o scambiare? Scegliere la parola o l'espressione che completa meglio la frase. Fare riferimento alle parole nella sezione *Studio di parole* del Capitolo 7 del testo.

1. Non vogliamo più andare in montagna durante il week-end. Abbiamo
   _____ idea.

2. Parli sul serio o è uno _____?

3. Quante cose sono _____ negli ultimi cento anni!

4. A Natale io e la mia famiglia _____ molti regali.

5. Che ridere! È proprio una _____ divertente!

6. Vado in Italia e devo cambiare i dollari in euro. Com'è il _____ oggi?

7. Vorrei un caffè, ma non ho _____. Ha il _____ di 50 euro?

8. Stasera esco a cena con la mia ragazza. È tardi, sono appena tornato e devo ancora _____.

STRUTTURA

Presentare azioni future

■ I. *Futuro*

A. Oggi e domani... Riscrivere le frasi dal presente al futuro semplice, o dal passato prossimo al futuro anteriore.

ESEMPI   Telefono ad una collega.

Domani *telefonerò ad una collega.*

Ho già fatto il colloquio.

Domani a quest'ora *avrò già fatto il colloquio.*

1. Maria cerca un nuovo posto di lavoro.

   Presto, Maria _____

2. Noi lasciamo gli Stati Uniti per andare in Italia.

   L'anno prossimo _____

3. Avete già trovato un appartamento.

   Prima di settembre _____

4. Maurizio e Marianna lavorano ogni giorno.

   Durante l'estate, _____

5. Alle otto sono già andata alla riunione.

   Chiamami alle sette. _____

6. Vai in quella ditta per un colloquio?

   Martedì prossimo _____

7. Signora, Lei mi offre un impiego prestigioso!

Dopo che avrà letto il mio curriculum, _____

8. Chiara diventa ingegnere.

A giugno, _____

9. Marco, sai chi è il capo?

Dopo il colloquio, _____

10. Loro rimangono in ufficio fino a tardi.

Dovendo lavorare a questo nuovo progetto, _____

B. La cartomante! Immagina di essere una cartomante *(fortune teller)*. Una persona famosa viene da te per farsi predire il futuro. Completa le frasi usando il futuro.

CARTOMANTE (TU):	Buona sera.
CLIENTE:	Buona sera! Mi chiamo *(nome di una persona famosa)*
	_____ e vorrei parlare del mio futuro, per favore.
CARTOMANTE:	Benissimo! Si accomodi, ecco una sedia. Mi dica...
CLIENTE:	Vorrei sapere dell'amore...
CARTOMANTE:	Fra cinque anni, _____
	_____
CLIENTE:	Davvero?! E... bambini?
CARTOMANTE:	_____
	_____
CLIENTE:	Mamma mia!! E il lavoro? Avrò successo?
CARTOMANTE:	_____
	_____
CLIENTE:	Che sorpresa! Inoltre, non so dove vivere. Mi potrebbe dire... ?
CARTOMANTE:	_____
	_____
CLIENTE:	Spero di vivere ancora molti anni, e di godere di buona salute.
CARTOMANTE:	Infatti, _____
	_____
CLIENTE:	Grazie, Lei mi ha dato molte informazioni interessanti. Quanto le devo?
CARTOMANTE:	_____
CLIENTE:	Arrivederci!

> ## Parlare di eventi realizzabili in determinate condizioni

■ II. *Condizionale*

A. Ipotesi. Alcune persone raccontano cosa farebbero o cosa avrebbero fatto in determinate occasioni. Riscrivere le seguenti frasi usando prima il condizionale presente e poi il condizionale passato.

ESEMPIO   Vado in vacanza.
        a. Con molti soldi *andrei in vacanza.*
        b. Devo lavorare in agosto, *altrimenti sarei andato/a in vacanza.*

1. Voglio una macchina nuova.

   a. Per piacere, _____

   b. Come regalo di compleanno _____

2. Mi aiuti a finire questo lavoro?

   a. Sono in ritardo! _____

   b. Veramente _____

3. Tu e Paolo studiate geologia.

   a. Pur di andare a lezione con Silvia, _____

   b. Giovanni vi ha convinto a studiare ingegneria, altrimenti _____

   _____

4. Preferisce mangiare a mezzogiorno.

   a. Poiché deve partire entro l'una, _____

   b. Hanno mangiato alle due, ma lui _____

5. Io e mio fratello ci parliamo al telefono ogni giorno.

   a. Le telefonate tra l'Italia e l'America costano care, altrimenti _____

   _____

   b. Senza l'e-mail _____

6. Restiamo a casa a fare i compiti.

   a. _____, ma preferiamo andare allo stadio!

   b. _____, ma la giornata era troppo bella per non uscire.

B. Desideri. Quali sono i tuoi desideri? Rispondere alle seguenti domande usando il condizionale presente.

1. Che cosa faresti con 100.000 euro?

   _____

2. Che regalo vorresti ricevere dai tuoi genitori per il prossimo compleanno?

   _____

3. Con quale personaggio famoso ti piacerebbe uscire a cena?

_____

4. Quale macchina ti piacerebbe guidare?

_____

5. Cosa faresti con tre mesi di vacanza?

_____

6. In quale paese vorresti vivere?

_____

■ III. Dovere, potere e volere

Problemi di lavoro. Tradurre le seguenti frasi dall'inglese all'italiano.

1. Mr. Bruni, could you give me a raise? I would like to buy a car.

_____

_____

2. I was supposed to find a new job, but I couldn't.

_____

_____

3. She will be able to work on Sundays.

_____

_____

4. They would have liked to hire her.

_____

_____

LEGGIAMO!

■ Lettura: *Che lavoro fanno?*

Queste persone fanno tutte lavori diversi. Leggere le descrizioni e decidere che lavoro fanno.

1. MARGHERITA: Domani andrò in ospedale. Vedrò tanta gente straniera. Sono contenta che qui ci sia il servizio sanitario per tutti. Parlerò con le persone malate e spiegherò loro tante cose. Ascolterò quello che diranno. Scriverò molte cose sul mio quaderno. Dovrò anche operare una paziente. Mi interessa studiare i problemi delle ossa e, infatti, faccio delle ricerche per curare l'osteoporosi.

Che lavoro fa Margherita?
a. Fa l'infermiera.
b. Fa il dottore.
c. Fa il biologo.

2. FAUSTO: Domani parlerò moltissimo, tutto il giorno. Ci sarà un gruppo di ragazzi intorno a me, ed anche loro parleranno tantissimo. Forse dovrò gridare, ma spero di no. Ci saranno molti occhi che mi guarderanno. Scriverò molte cose e loro le leggeranno. Questa settimana spiegherò la struttura allegorica della *Divina Commedia*.

Che lavoro fa Fausto?
a. Fa il professore d'inglese.
b. Fa il maestro di scuola elementare.
c. Fa l'insegnante d'italiano.

3. CLAUDIO: Oggi pomeriggio devo lavorare, e stasera farò tardi. Domani mattina discuterò una causa in tribunale. Per questo, devo prepararmi bene. Devo incontrarmi con il mio cliente, spiegargli quali sono le varie possibilità, e preparare un discorso importante. Il Comune vuole appropriarsi di parte del terreno agricolo del mio cliente, ma la legge è dalla nostra parte.

Che lavoro fa Claudio?
a. Fa l'agricoltore.
b. Fa il giudice.
c. Fa l'avvocato.

4. ATTILIO: Che giornataccia mi aspetta domani! Sarò preso da mattina a sera senza potermi fermare nemmeno per il pranzo. La mattina, dovrò incontrarmi prima con il direttore della banca, poi con alcuni clienti interessati ad un mutuo per la casa. Nel pomeriggio parteciperò ad un corso di due ore riguardo un nuovo servizio di prestiti che la mia banca ha deciso di promuovere, e poi dovrò occuparmi di un cliente difficile che vuole investire i soldi in modo più aggressivo.

Che lavoro fa Attilio?
a. Costruisce case.
b. Lavora in banca.
c. È il direttore della banca.

5. E tu? Ti piacerebbe fare uno di questi lavori? Perché?

_____

_____

■ Domande

Domande personali

1. Secondo te, quali sono i lavori più comuni nel tuo paese? E in Italia?

_____

_____

2. Per quali lavori c'è più richiesta? E per quali lavori ce n'è meno? Perché?

_____

_____

3. Quale lavoro vorresti fare dopo la laurea?

_____

4. Quali elementi sono importanti in un lavoro? Preferiresti fare un lavoro in cui guadagni molto ma hai poco tempo libero, o il contrario?

_____

_____

_____

5. Che lavoro fanno i tuoi genitori? Ti piacerebbe lavorare dove lavorano loro?

_____

_____

_____

 SCRIVIAMO E COMUNICHIAMO!

(**Per comunicare**)

Una lettera. Immagina di avere un lavoro. Usando le espressioni nella sezione *Per comunicare* del Capitolo 7 del testo, scrivi *una* delle seguenti due lettere.

1. Scrivi una lettera formale al tuo capo, o ad un tuo cliente, o ad un'altra persona con cui lavori.

2. Scrivi una lettera ad un amico e parla del tuo lavoro.

_____

_____

_____

_____

_____

_____

_____

_____

_____

_____

_____

_____

_____

_____

_____

_____

_____

_____

■ Ora scrivi tu!

L'immigrazione. In questo capitolo hai imparato nuove parole ed espressioni per parlare dell'immigrazione. Cosa pensi di questo fenomeno? Esiste nel tuo paese? Conosci qualche immigrante? Scrivi un paragrafo di almeno 60 parole.

_____

_____

_____

_____

_____

_____

_____

Abitare in famiglia o no?

8 Capitolo

 PAROLE ED ESPRESSIONI NUOVE

(**Per cominciare**)

Vivere in famiglia o vivere da solo/a? Scegliere la risposta corretta.

1. Graziella ha messo in banca tutti i suoi...
   a. genitori.
   b. risparmi.
   c. appoggi.

2. Mio fratello e sua moglie hanno appena avuto una bambina. Che bello, sono diventata...
   a. nonna.
   b. celibe.
   c. zia.

3. Federico ha deciso di comprare un appartamento. Ora che guadagna di più può pagare...
   a. una decisione.
   b. un mutuo.
   c. un affitto.

4. La sorella del figlio del fratello di mia mamma è...
   a. mia nonna.
   b. mia suocera.
   c. mia cugina.

5. Marco ha deciso di andare via di casa. Ora...
   a. prende una decisione.
   b. è d'accordo.
   c. vive da solo.

6. Giuseppe ha comprato una macchina nuova, ma per ora ha dato solo...
   a. un anticipo.
   b. un appoggio.
   c. uno scapolo.

Lettura

L'innamorato. Clara parla dei suoi problemi con sua sorella. Scegliere la parola o l'espressione migliore per completare le frasi. Fare le modifiche necessarie.

trascorrere   ansia   riuscire
insuperabile   amore folle   comportarsi
fingere   fonte   rapporto
lasciarsi mantenere   angosciato   sudato

1. CLARA: Maria, che giornataccia! Mi sento molto stressata, molto
   _____!

2. MARIA: Poverina! Qual è la _____ della tua
   _____?

3. CLARA: È Maurizio, naturalmente. Il nostro _____ è molto
   difficile!

4. MARIA: Perché? Lui è un buon amico. Non mi sembra che voi abbiate dei problemi
   _____. Maurizio è sempre simpatico e gentile,
   e _____ sempre bene con i nostri genitori.

5. CLARA: Non è colpa sua. È mia! Ho paura che lui s'innamori di me, penso di vedere in
   lui l'_____! È sempre nervoso, ha sempre le mani
   _____! Non voglio _____ troppo
   tempo con lui.

6. MARIA: Ma perché pensi così? Non gli hai spiegato i tuoi sentimenti? Lui non
   _____ a capire la tua situazione? Devi parlargli di questo
   problema, non devi _____ di essere sempre felice.

7. CLARA: Penso che lui sappia che non voglio sposarmi. Sa che voglio trovare un lavoro
   prima e non _____ da qualcuno per tutta la vita.

Studio di parole

A. Segno o segnale? Scegliere la parola corretta.

1. (L'insegna / Il segno) di quel negozio è troppo appariscente!

2. Posso farti una (confidenza / fiducia)?

3. Quando guidi la macchina, devi fare molta attenzione ai (segni / segnali) stradali.

4. Non dovresti fumare in questo ristorante! Non vedi il (cartello / segno) con la scritta
   «Non fumare»?

5. Usare il «Lei» in Italia è un (segno / cartello) di rispetto.

6. Mi ha confidato un segreto. Ha molta (fiducia / insegna) in me.

B. Che cosa sono? Cartello, segnale o insegna? Scrivi la parola corretta.

1. _____ 2. _____ 3. _____

STRUTTURA

(**Esprimere incertezza o soggettività**)

■ **I.** *Congiuntivo presente e passato*

A. Quanti pettegolezzi *(gossip)*! A volte capita che alcuni amici si incontrino al supermercato e comincino a parlare di conoscenti comuni. Dare la forma corretta del congiuntivo presente dei verbi tra parentesi.

1. Bisogna che tu (telefonare) _____ alla mamma.

2. Abbiamo paura che Michele e sua moglie (divorziare) _____.

3. Spero che Marina (rimanere) _____ a casa.

4. Sembra che sua figlia (sposarsi) _____ presto.

5. È bene che mio marito (pulire) _____ la casa.

6. È importante che noi (trovarsi) _____ bene a Roma.

7. Mia nonna dubita che io le (scrivere) _____ dall'Italia.

8. È incredibile che voi (cercare) _____ un appartamento in città.

9. I miei genitori temono che mio fratello non (finire) _____ mai l'università.

10. È giusto che loro (volere) _____ abitare con i genitori.

B. Chi è Stefania? Amelia la descrive. Riscrivere le frasi usando il congiuntivo passato e seguendo l'esempio.

ESEMPIO   È nata a Bologna. (penso)
Penso che sia nata a Bologna.

1. È venuta a Roma da bambina. (crediamo)

_____

2. Io l'ho incontrata dieci anni fa. (è probabile)

_____

3. Noi abbiamo imparato a suonare il violino insieme. (mi pare)

_____

4. Ha fatto un viaggio in Florida a vent'anni. (sembra)

_____

5. Lei e sua sorella hanno viaggiato insieme. (è bene)

_____

6. Stefania e suo marito si sono innamorati subito. (ho l'impressione)

_____

7. Si sono sposati tre settimane dopo. (penso)

_____

8. Tu non sei venuto al matrimonio. (mi dispiace)

_____

9. Voi vi siete sposati tre anni fa. (crediamo)

_____

10. Tu hai incontrato Mario in treno, non è vero? (mi pare)

_____

> **Esprimere emozioni, desideri e speranze. Esortare.**

■ **II. *Uso del congiuntivo***

Una famiglia come tante. Due genitori e tre figli maggiorenni: cosa pensano e cosa dicono durante una tipica cena? Completare le frasi coniugando i verbi all'indicativo o al congiuntivo presente, o lasciandoli all'infinito.

ESEMPIO   Sono felice che tu (venire) _____ a trovarmi.
Sono felice che tu *venga* a trovarmi.

1. I genitori sperano che Anna (studiare) _____ economia, ma Anna vuole (studiare) _____ medicina.

2. Inoltre, Anna non sa come dire ai suoi genitori che l'anno prossimo vuole (andare) _____ a vivere con il suo ragazzo. I suoi genitori, invece, sperano che lei (andare) _____ a vivere con la sorella maggiore.

3. Stefano pensa di (comprare) _____ un appartamento in un'altra città.

4. La mamma di Stefano, invece, preferisce che lui (comprare) _____ un appartamento non lontano da lei.

5. Suo padre pensa alla nuova offerta di lavoro di Stefano, e gli ripete spesso: «Sono proprio contento che tu (avere) _____ un lavoro. È importante, però, che tu (leggere) _____ bene il contratto di lavoro prima di accettare».

6. Sara, la sorella maggiore, non studia molto. Ma ripete sempre ai genitori: «Non preoccupatevi, non credo che i miei amici (laurearsi) _____ prima di me!».

7. La mamma, che lavora molto e ha tante preoccupazioni per i figli, afferma: «Benché io (essere) _____ appena stata in vacanza, (io) non (sentirsi) _____ riposata».

8. È una famiglia come tante altre, con i problemi di tutte le famiglie. Ma loro (volersi) _____ molto bene e (aiutarsi) _____ a vicenda. Sperano che le cose (andare) _____ sempre al meglio per tutti.

> ## Usare espressioni indefinite

■ III. *Altri usi del congiuntivo*

Al bar dell'università. Lidia e Emilio parlano dei loro amici. Qual è la risposta giusta? Scegliere la parola migliore.

1. Hai visto Alfredo? (Comunque / Dovunque) vada, trova degli amici!

2. Vittorio è il ragazzo più bello che io (abbia / ho) mai visto.

3. Nella famiglia Rossi, Gabriella è (l'unica / la) figlia che abiti con i genitori.

4. C'è qualcuno che (conosca / conosce) Maurizio?

5. (Mi ricordo / Non so) chi sia!

6. Per Sofia, qualunque appartamento che (abbia / ha) molte finestre va bene per lei.

7. (Non conosco / Trovo) nessuno che si lasci mantenere dai genitori.

LEGGIAMO!

■ Lettura: *Una pagina di diario*

Susanna è una studentessa universitaria italiana. Tra poco si laureerà, ed è preoccupata che la vita diventi più difficile. È bene che trovi un lavoro vicino alla sua famiglia o che giri il mondo come desidera? È meglio che si sposi con il suo ragazzo presto o che prima trovi un lavoro?

Susanna scrive i suoi sentimenti su una pagina di diario, e confida tutti i suoi dubbi e le sue preoccupazioni.

Caro Diario,

stasera sono proprio stanca. Ho studiato tutto il giorno con Lina, la mia migliore amica. Domani avremo l'ultimo esame, poi finalmente potrò laurearmi. Dovrei essere felice, invece sono preoccupata. Cosa succederà? Ho paura che dopo gli studi non troverò un lavoro. Come sai, vorrei essere una giornalista e girare per il mondo. I miei genitori, invece, sperano che io rimanga qui in città, vicino a loro. A dire il vero, loro sperano che io non me ne vada mai di casa. Mi vogliono molto bene, e anche io sono felice di vivere con loro. Ma sappiamo bene tutti che non è possibile rimanere per sempre insieme. E poi c'è Marco. Siamo insieme da molti anni, e a volte parliamo di sposarci. È possibile, secondo lui, che ci sposiamo già l'anno prossimo. Io lo amo molto, mi piace passare il tempo con lui, e sono sicura che sarebbe il marito ideale. Però temo che se ci sposiamo presto io non potrò realizzare i miei desideri di viaggiare e di scrivere per un giornale importante. Non gliene ho ancora parlato. Quando cerco di affrontare l'argomento ho sempre paura che lui si arrabbi o che sia dispiaciuto. Non voglio farlo soffrire. Cosa pensi diario, è normale che io mi preoccupi così tanto per tutto? Forse è solo la stanchezza di stasera. Domani darò l'esame. Spero che tutto vada bene. In realtà, sono sicura che prenderò un bel voto e tutto mi sembrerà più bello. Sì, sono sicura che domani mattina mi sentirò già meglio.

Adesso è bene che io vada a dormire, si è fatto molto tardi. Sono felice che tu ci sia, mio caro diario...

Ciao,
Susanna

■ Domande

A. Domande di comprensione

Rispondere alle domande con frasi complete.

1. Chi è Susanna? E com'è?

————————————————————————————————————

2. A chi scrive? E di che cosa parla?

_____

_____

3. Cosa succede domani?

_____

4. Cosa vorrebbe fare Susanna invece di sposarsi?

_____

5. Probabilmente, come si sentirà Susanna domani?

_____

6. È tardi, è meglio che Susanna...

_____

7. Secondo te, cosa farà Susanna in futuro?

_____

B. Domande personali

1. Tu hai un diario? Perché sì o perché no?

_____

_____

2. Secondo te, è bene che una persona abbia un diario su cui scrivere le proprie emozioni? Perché sì o perché no?

_____

_____

3. Ti capita di essere preoccupato/a per quello che succederà quando finirai l'università? Pensi che sia facile trovare un buon lavoro?

_____

_____

4. Ti piacerebbe trovare un lavoro vicino alla tua famiglia, o pensi che sia meglio vivere lontano? Perché?

_____

_____

5. Pensi che sia giusto che i ragazzi e le ragazze si sposino giovani, o è meglio che prima trovino un lavoro e abbiano più esperienza?

_____

_____

6. E tu, pensi di sposarti presto?

_____

_____

SCRIVIAMO E COMUNICHIAMO!

Per comunicare

Si laurea o si sposa? Lidia e Roberto, due giovani italiani di 24 anni, hanno deciso di sposarsi. Roberto ha terminato l'università e lavora come ingegnere. Lidia, invece, deve ancora finire gli studi e non ha un lavoro. La mamma di Lidia spera che sua figlia aspetti a sposarsi e cerca di convincerla a laurearsi e a trovare un lavoro prima del matrimonio. Scrivi un breve dialogo tra Lidia e sua madre. Usa le espressioni nella sezione *Per comunicare* alla fine del Capitolo otto del testo. Usa almeno dieci frasi.

_____
_____
_____
_____
_____
_____
_____
_____
_____

▪ Ora scrivi tu!

L'amore e l'alloggio! Scegli A o B e spiega la tua opinione in un paragrafo di almeno 60 parole.

a. Abitare in famiglia o no? In questo capitolo hai imparato nuove parole ed espressioni per parlare del posto dove abiti, e del fenomeno italiano dei ragazzi che abitano a lungo con la famiglia. Cosa pensi di questo fenomeno? Dove abiti tu, e perché?

b. Parliamo d'amore! In questo capitolo hai anche imparato a parlare dei rapporti, dell'amore e del matrimonio. Hai mai provato «l'amore folle»? In questo momento hai un ragazzo/una ragazza? Sembra che gli Italiani si sposino sempre più tardi. Pensi di sposarti? Se sì, quando?

_____
_____
_____
_____
_____

Ma come, non hai la macchina?

9

Capitolo

Per cominciare

Salviamo la natura! Parliamo di ambiente e ecologia. Abbinare le parole della colonna di sinistra con le definizioni della colonna di destra.

_____ 1. di solito

_____ 2. la ruota

_____ 3. l'energia

_____ 4. l'ambiente

_____ 5. sul serio

_____ 6. ragionevole

_____ 7. riciclare

_____ 8. potersi permettere

_____ 9. l'inquinamento

_____10. la porta

a. ciò che ci circonda

b. serve a produrre; c'è quella idroelettrica, o quella solare; ne abbiamo tutti bisogno molta!

c. un'idea che ha senso, o una persona che agisce con equilibrio

d. è importante per salvaguardare l'ambiente; di solito si fa con la carta, con il vetro e con i contenitori di plastica

e. la bicicletta ne ha due, la macchina ne ha quattro

f. abitualmente, normalmente, usualmente

g. ogni stanza ne ha generalmente una

h. avere i soldi per poter comprare qualcosa; avere la possibilità di fare qualcosa

i. non è uno scherzo

j. di solito ce n'è troppo in città

Lettura

Le macchine. Cosa sono queste cose? Cosa fanno queste persone? Scrivere il nome dell'oggetto raffigurato o l'espressione che descrive l'azione alla pagina seguente. Poi usare ciascuna parola o espressione in una frase originale. Fare riferimento al vocabolario della lettura «Una vite di troppo».

ESEMPIO   (Un disegno di una macchina)

Non mi piacciono le macchine; preferisco viaggiare in treno.

1. _____

_____

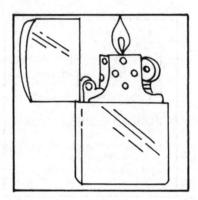

2. _____

_____

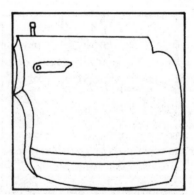

3. _____

_____

4. _____

_____

5. _____

_____

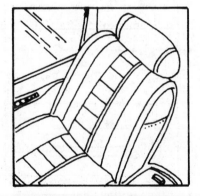

6. _____

_____

Studio di parole

Un giro in macchina. Luca parla al telefono con un'amica e le racconta di un giro in macchina che vorrebbe fare. Scegliere la parola corretta per completare meglio le frasi.

1. Ieri abbiamo (portato / preso) la macchina dal meccanico. Il meccanico l'ha controllata, e la macchina sta benissimo.

2. Vogliamo (portare / prendere) la macchina per (fare / andare) un giro in campagna.

3. Partiamo la settimana (dopo / prossima).

4. Speriamo di portare nostro fratello, ma lui deve (prendere / fare) un esame quella mattina.

5. Nostro fratello (segue / prende) un corso di fisica all'università.

6. Torniamo il giorno (prossimo / dopo) Pasqua.

 STRUTTURA

Esprimere emozioni, desideri e speranze nel passato

■ I. *Congiuntivo imperfetto e trapassato*

Rispettiamo l'ambiente! Carolina è un'ambientalista e da molti anni si preoccupa per l'ambiente. Le sue preoccupazioni e le sue speranze di oggi sono quelle di sempre. Riscrivere le frasi al passato, usando l'imperfetto o il trapassato del congiuntivo.

ESEMPIO   Temo che Luca arrivi in ritardo alla riunione.
Temevo che Luca arrivasse in ritardo alla riunione.

1. Ho paura che il livello di inquinamento in città si alzi. Avevo paura _____

_____

2. I miei amici ambientalisti preferiscono che noi passiamo le vacanze in campeggio in

montagna. Preferivano _____

_____

3. Molte persone inquinano l'ambiente. Che forse loro non sappiano come rispettarlo?

Che forse _____

4. Speriamo che la spiaggia sia stata pulita. Speravamo _____

_____

5. Non voglio una macchina per il compleanno. Preferisco che i miei genitori mi comprino

un motorino o una bici. Preferivo _____

_____

6. Io sono la prima persona che abbia mai lavorato come ambientalista nella nostra famiglia. Ero la prima persona _____

_____

7. Sono felice che tu sia interessato alla mia lotta per un ambiente più pulito.

Ero felice _____

■ II. *Concordanza dei tempi nel congiuntivo*

Com'è difficile il congiuntivo! Tutti gli studenti di italiano trovano difficile imparare il congiuntivo! Riscrivere le frasi usando la forma corretta del congiuntivo presente, passato, imperfetto o trapassato.

ESEMPIO   Pensavo che fosse un bel libro.

Penso *che sia un bel libro.*

1. Spero che nell'esame non ci sia un esercizio sul congiuntivo!

Speravo _____

2. Chi vorrebbe che gli amici studiassero anche la domenica?

Chi avrebbe voluto _____

3. Non sapevo che cosa fosse il congiuntivo.

Non so _____

4. Pare che venerdì ci sia un quiz.

Pareva _____

5. È necessario che tu studi bene per quel quiz.

Era necessario _____

6. Gli studenti credevano che il congiuntivo fosse facile da studiare!

Gli studenti credono _____!

> ### Mettere in evidenza persone e oggetti

■ III. Questo e quello e *altri dimostrativi*

Questo o quello? Riscrivere le frasi usando *questo* e *quello*, seguendo l'esempio.

ESEMPIO   Ti piace <u>la</u> macchina.

a. *Ti piace questa macchina.*

b. *Ti piace quella macchina.*

1. Scriviamo <u>la</u> lettera.

a. _____

b. _____

2. Pensavi di leggere <u>il</u> romanzo.

   a. _____

   b. _____

3. <u>Ciò</u> è bello.

   a. _____

   b. _____

4. Ecco la strada. È <u>la strada</u> che cercavi.

   a. _____

   b. _____

5. Andiamo in montagna con <u>l'</u>auto rossa.

   a. _____

   b. _____

6. Ci sono <u>gli</u> stranieri che fanno l'autostop.

   a. _____

   b. _____

7. Amanda ha portato <u>il motorino.</u>

   a. _____

   b. _____

(**Stabilire una connessione tra due idee**)

■ IV. *Pronomi relativi*

Il riciclaggio. Completare le frasi con la forma corretta del pronome relativo: *che; cui; chi; quale; quali.*

1. In Italia, ci sono delle persone _____ riciclano sempre i loro rifiuti.

2. Le «campane» sono i grandi contenitori in _____ le persone mettono i vetri.

3. _____ ha medicinali scaduti può riportarli in farmacia.

4. Tutti quelli _____ riciclano aiutano l'ambiente.

5. Per le pile usate, di _____ non abbiamo più bisogno, ci sono dei contenitori speciali.

6. La raccolta dei rifiuti solidi, la _____ funziona in tutta la penisola italiana, è una cosa davvero importante.

7. L'ambiente _____ dobbiamo proteggere è molto prezioso.

8. Tanti sono a sostegno della legge _____ proibisce il fumo.

9. Invece di andare in macchina, dovremmo usare le biciclette, le _____ ci fanno anche bene!

10. Capisci le ragioni per _____ gli Amici della Terra vogliono proteggere l'ambiente?

LEGGIAMO!

■ **Lettura: *Che traffico!***

Vincenzo è avvocato. Abita a Roma e deve andare al lavoro per incontrare un cliente importante. Però è in ritardo! Vincenzo ha un telefonino in macchina e fa due telefonate. Sa che è pericoloso guidare con una mano sola, quindi usa il vivavoce. Ecco le sue conversazioni:

Prima telefonata:

(Suono di un telefono che squilla)

VOCE FEMMINILE E MECCANICA: *La persona a cui avete telefonato non risponde. Risponde la segreteria telefonica. Si prega di lasciare un messaggio dopo il segnale acustico. Grazie.*

VINCENZO: Dottor Arcudi, mi scusi, ho avuto un incidente terribile con la macchina. Un ragazzo in Vespa mi ha tamponato. Mi sembrava che non stesse bene, così l'ho accompagnato al pronto soccorso. Le chiedo scusa per il ritardo. Le assicuro che il Suo caso è sempre di prima importanza. Arrivo al più presto possibile. ArrivederLa.
(clic!)

Seconda telefonata:

(Suono di un telefono che squilla)

VOCE: *Pronto!*

VINCENZO: Pronto, sono Vincenzo.

VOCE: *Vincenzo, sono felice di sentirti! Dove sei?*

VINCENZO: Arrivo, arrivo! Sono in macchina, vicino al Colosseo. Ma c'è tantissimo traffico! Purtroppo sarò in ritardo.

VOCE: *Davvero? A che ora ti sei alzato stamattina?*

VINCENZO: Cosa stai dicendo? Mi sono alzato di buon'ora come sempre. È colpa del traffico, non mia!

VOCE: *Va be', se lo dici tu. O forse hai sbagliato strada?*

VINCENZO: Assolutamente no! Conosco benissimo la città! Ho l'impressione che tu non abbia fiducia in me...

VOCE: *Ti prego, scusami! Sono molto stressata. Sembra che anche Giuseppe arrivi in ritardo, e poi c'è il cliente... lui pensava che arrivassi alle nove in punto!*

VINCENZO: Non preoccuparti, gli ho già lasciato un messaggio. Mi auguro di non avere mai più dei giorni così...

VOCE: *Bene! Sono felice di sentire questo da te. Sappi che ci sono tanti avvocati che cercano un lavoro...*

VINCENZO: Beh, scusami, ora devo andare; c'è un carabiniere che mi vuole parlare. Spero che non sia niente di serio. Mi sono distratto e ho paura di essere passato col rosso! A dopo! *(clic!)*

■ Domande

A. Domande di comprensione. Rispondere con frasi complete.

1. Che lavoro fa Vincenzo? Dove va?

   _____

   _____

2. Dove abita Vincenzo? Dov'è quando fa le telefonate?

   _____

   _____

3. Per chi è la prima telefonata? Quale scusa dà Vincenzo per il ritardo?

   _____

   _____

4. Per chi sarà probabilmente la seconda telefonata? Quale scusa dà Vincenzo per il ritardo?

   _____

   _____

5. Quale storia è la storia vera? Perché?

   _____

   _____

6. Che carattere ha Vincenzo?

   _____

   _____

B. Domande personali

1. Sei mai stato/a in ritardo per un appuntamento molto importante? Se sì, quale? Se no, perché no?

   _____

   _____

2. Hai mai dato una scusa per un ritardo che non era completamente vera? Hai mai sentito una scusa di questo tipo da un'altra persona? Spiega.

_____

_____

_____

_____

SCRIVIAMO E COMUNICHIAMO!

Per comunicare

Dov'è Piazza San Marco? Siete a Venezia, vicino al Ponte di Rialto. Spiegate ad un turista come arrivare in Piazza San Marco.

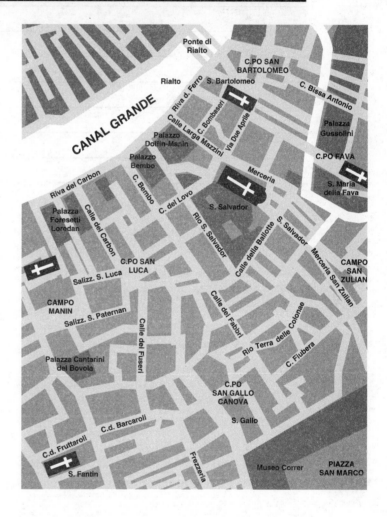

_____

_____

_____

_____

_____

■ Ora scrivi tu!

Sempre al telefonino? In Italia, come in altri paesi, l'uso dei telefonini è molto diffuso. Quasi tutti ne hanno uno, e lo usano sempre, anche in macchina. Pensi che sia una buon'idea usare così tanto il telefonino? Ti sembra scortese quando gli altri usano i telefonini al ristorante o in altri luoghi pubblici? È necessario avere delle leggi che ne proibiscono l'uso? Presenta la tua opinione, scrivendo un paragrafo di almeno 60 parole.

_____

_____

_____

_____

_____

_____

_____

_____

_____

Cosa facciamo questa sera?

10

PAROLE ED ESPRESSIONI NUOVE

Per cominciare

Scopri la parola! Mettere in ordine le lettere tra parentesi per trovare la parola nascosta che corrisponde alla definizione.

ESEMPIO   Dirige un film (agesirt)

    _r_   _e_   _g_   _i_   _s_   _t_   _a_

1. Una persona che guarda la TV (rteatoeseltpte)

  ___ ___ ___ ___ ___ ___ ___ ___ ___ ___ ___ ___

2. Non spendere tutti i soldi (isrmaerirap)

  ___ ___ ___ ___ ___ ___ ___ ___ ___ ___ ___

3. Interrompe spesso le trasmissioni (itipcbàlub)

  ___ ___ ___ ___ ___ ___ ___ ___ ___ ___

4. Le scritte che rappresentano i dialoghi poste sui bordi inferiori delle immagini di un film (tlosoititot)

  ___ ___ ___ ___ ___ ___ ___ ___ ___ ___ ___

5. Fissare, riservare in anticipo (erarteonp)

  ___ ___ ___ ___ ___ ___ ___ ___ ___

6. Uno show (astcpotoel)

  ___ ___ ___ ___ ___ ___ ___ ___ ___ ___

7. Adesso scrivere un breve paragrafo con le sei parole appena indovinate.

  _____

  _____

  _____

  _____

Lettura

Mi fa paura! Ci sono molte parole per descrivere le scene dei film dell'orrore. Abbinare le parole a sinistra con le loro definizioni a destra.

—— 1. il buco

—— 2. le tenebre

—— 3. ammazzare

—— 4. il passo

—— 5. la sceneggiatura

—— 6. ansimare

—— 7. legare

—— 8. il tradimento

—— 9. rapire

——10. scappare

——11. urlare

——12. gradire

a. quello che fai con la voce se vedi King Kong; strillare

b. andare via di corsa; fuggire da qualcosa

c. portare via un bambino ai genitori e chiedere soldi in cambio

d. uccidere

e. la storia scritta usata per un film

f. quello che fai con le gambe e i piedi quando cammini

g. ci sono quando non c'è la luce

h. apprezzare, godere

i. respirare rapidamente; ad esempio quando corri troppo

j. usare qualcosa (ad esempio lo scotch) per impedire il movimento di qualcos'altro

k. c'è quando ci manca qualcosa; spesso ci sono nei jeans; uno spazio

l. quello che fa una persona cattiva che finge di essere un tuo amico

Studio di parole

Al cinema. Due amici al cinema parlano mentre aspettano che inizi il film. Scegliere la parola che completa meglio la frase.

1. Mi (piace / gode) tantissimo vedere i film dell'orrore!

2. Hai mai sentito (parlare / dire) di quel regista?

3. Io e Marco (sentiamo / ci sentiamo) al telefono ogni giorno.

4. In televisione hanno appena parlato di quell'ostaggio (rapito / rubato).

5. (Godi / Gradisci) qualcosa da bere? Offro io!

6. È molto tempo che non (sento / ricevo notizie) da Vittorio.

7. Oh no! Mi hanno (rapito / rubato) il portafoglio!

8. Credo di (sentire / sentirci) la voce di un mio amico.

STRUTTURA

> Ordinare, esortare, pregare qualcuno di fare qualcosa

■ I. *Imperativo*

A. Comando io! A volte, alcune persone danno troppi ordini! Riscrivere le frasi secondo il modello con la forma imperativa.

ESEMPI   Vai in Italia?
Va' in Italia!

Va in Italia?
Vada in Italia!

1. Ascolti la musica italiana?

_____

2. Compriamo questo televisore?

_____

3. Scrive la sceneggiatura?

_____

4. Canti «Nessun dorma»?

_____

5. Assistete al concerto di Zucchero?

_____

6. Dai il CD a Marco?

_____

7. Sta qui domani sera?

_____

8. Bevono il chinotto al concerto?

_____

9. Mangiamo qualcosa al cinema?

_____

10. Siete tranquilli mentre guardate la televisione?

_____

11. Guardi l'ultima puntata del «Grande fratello»?

_____

B. Non compriamo quel CD! Tu e tuo fratello non siete mai d'accordo! Lui dice sempre l'opposto di quello che dici tu. Riscrivere le frasi al negativo usando la forma imperativa.

ESEMPI   Leggi questo romanzo!
Non leggere questo romanzo!

Guardi il film!
Non guardi il film!

1. Finiamo di leggere questo brano!

_____

2. Ascoltate le canzoni di Andrea Bocelli!

_____

3. Scegli un video da vedere!

_____

4. Vada a piedi al cinema, è vicino!

_____

5. Dia la sceneggiatura a Roberto Benigni!

_____

6. Di' «buona sera» a Pavarotti!

_____

7. Accendiamo il televisore alle otto!

_____

8. Trova lavoro in una rete televisiva!

_____

9. Abbiate pazienza, il film comincia fra poco!

_____

C. Agli ordini! Ognuno ha un amico a cui piace dare ordini. Riscrivere le frasi con i pronomi corretti. Fare le modifiche necessarie.

ESEMPIO   Leggiamo la sceneggiatura.
Leggiamola!

1. Ascolta la musica di Eros Ramazzotti.

_____

2. Va' in Italia, guarda i film di Fellini.

_____

3. Accendete la radio.

_____

4. Spegniamo lo stereo.

_____

5. Comprami un iPod.

_____

6. Mi compri un telefonino con lo schermo.

_____

7. Guardi il festival di San Remo.

_____

8. Dammi il telecomando.

_____

9. Non preparargli la zuppa di pesce.

_____

10. Non facciamo una passeggiata.

_____

11. L'autografo? Chiedilo a Tiziano Ferro.

_____

(**Esprimere apprezzamento**)

■ II. Come e quanto *nelle esclamazioni*

Che bello! Marianna esprime sempre i suoi commenti su tutto, anche quando non sono richiesti! Tradurre le seguenti esclamazioni dall'inglese all'italiano usando *come*, *quanto* o *che*.

1. What a good movie!

_____

2. That actor is so good!

_____

3. What a long commercial!

_____

4. We had so much fun at the theater!

_____

5. This plot is so sad!

_____

6. The actors in this film act so well!

_____

> ## Sostituire persone e cose

■ III. *Pronomi tonici*

Lo faccio da me! Carlino ha grandi ambizioni! Vuole fare un nuovo programma televisivo e ne parla con un amico. Scegliere il pronome corretto per completare il suo discorso.

1. Io vorrei fare un nuovo programma televisivo. Vorresti farlo con (me / io / esso)?

2. L'argomento è la storia di mia sorella. Sì, di (lei / lui / essa)!

3. Mia sorella parla sempre, anche quando non c'è nessuno. Sì, parla a (lei stessa / sé stessa / loro stessi)!

4. Sai, vive ancora con i nostri genitori. Vivrà con (essi / loro / li) per tutta la vita!

5. I miei genitori sono troppo simpatici. Mia sorella non potrebbe vivere senza (loro / di loro / di sé).

6. Abbiamo anche un cane in casa. Lui vive con (noi / nostro / ci) da tre anni.

7. Vorresti fare parte del film? Forse lei parlerà con (tu / te / voi).

8. Io e mia sorella non andiamo d'accordo. Non è gentile con (io / mi / me).

9. È vero, esiste tanta ostilità (fra di noi / tra loro / fra di noi stessi).

10. Ho cambiato idea. Facciamo invece un programma sui cani. Sì, (essi / lui / esse) sono sempre molto apprezzati.

 LEGGIAMO!

■ Lettura: *Comprami un iPod®!*

Domani è il compleanno di Cristina. Il suo ragazzo vuole farle un regalo, ma non ha ancora deciso cosa comprare. Ha chiesto a Cristina cosa vorrebbe ricevere. Lei ci ha pensato qualche giorno, e adesso gli scrive un'e-mail chiedendogli un iPod.

Da: cristina2009@libero.it
A: lorenzo7689@tiscali.net
Oggetto: Il mio regalo!

<u>rispondi</u>   <u>rispondi a tutti</u>   <u>inoltra</u>

Ciao tesoro,

ti scrivo perché so che in ufficio sei molto preso e non voglio disturbarti col telefono.
Ho pensato molto al regalo per il mio compleanno e finalmente ho deciso: comprami un
iPod!

Come sai, non mi intendo molto di iPod, ma Diego ne ha uno che mi piace tantissimo.
Non so di che modello sia, però so che funziona molto bene e lui ne è molto felice. Ho
parlato con lui poco fa, ha detto che se lo chiami ti spiega dove l'ha comprato. Il suo è
nero, ma io lo preferirei bianco. Telefonagli stasera assolutamente, perché domani parte
per un viaggio di lavoro.

Sto già cercando su Internet gli MP3 delle mie canzoni preferite. È difficile scaricare[1] le
canzoni sull'iPod? Come si fa? Bisogna prima scaricarle sul disco rigido[2] del computer e
poi copiarle sull'iPod, oppure si scaricano direttamente sull'iPod? Devi spiegarmi tutto
appena puoi!

Ora ti saluto, devo andare a lavorare. Scrivimi presto!

Grazie ancora! A dopo. Un bacio,

Cris

_____

<u>stampa</u>   <u>elimina</u>   <u>chiudi</u>
      <u><<Prec./Succ. >></u>

_____

[1]download [2]hard drive

■ Domande

A. Domande di comprensione

1. Per il suo compleanno, Cristina vorrebbe...

_____

2. Cristina manda un'e-mail a Lorenzo perché...

_____

3. L'iPod di Diego...
   a. è blu.
   b. non piace a Cristina.
   c. funziona molto bene.

4. Diego...
   a. deve andare in viaggio per lavoro.
   b. non è felice del suo iPod.
   c. non sa dove l'ha comprato.

5. Cristina...
   a. s'intende di iPod.
   b. ha scaricato degli MP3 da Internet.
   c. non sa come fare a mettere gli MP3 sull'iPod.

6. Adesso Cristina...
   a. fa un regalone a Lorenzo.
   b. deve andare al lavoro.
   c. telefona a Diego.

B. Domande personali

1. Tu hai un iPod? Se sì, da quanto tempo? L'hai comprato o te l'hanno regalato? Se no, come mai? Ne vorresti uno?

   _____

   _____

2. Quale tipo di musica ti piace ascoltare? Perché?

   _____

   _____

3. Secondo te, è giusto pagare una quota *(fee)* per scaricare le canzoni da Internet? Perché?

   _____

   _____

4. Di solito, fai o ricevi regali costosi? Perché?

   _____

   _____

5. Che tipo di regali ti piace fare ai tuoi amici o alla tua famiglia? Perché?

   _____

   _____

6. Hai ricevuto qualche regalo per il tuo ultimo compleanno? Se sì, quale/i?

   _____

   _____

SCRIVIAMO E COMUNICHIAMO!

Per comunicare

Che sorpresa! È il compleanno di Cristina. Lorenzo ha organizzato una festa a sorpresa con cinque amici. Ogni amico ha portato un regalo. Scrivi quale regalo ha portato ciascun amico e cosa dice Cristina quando lo vede. Usa le espressioni nella sezione *Per comunicare* alla fine del Capitolo 10 del testo.

ESEMPIO   Lorenzo: *iPod*
             Cristina: *Magnifico!*

Diego: _____

Cristina: _____

Maria: _____

Cristina: _____

Cecilia: _____

Cristina: _____

Barbara: _____

Cristina: _____

Fausto: _____

Cristina: _____

■ Ora scrivi tu!

In questo capitolo hai imparato nuove parole ed espressioni per parlare della televisione, del cinema e della musica. Adesso scrivi tu una breve composizione (circa 60 parole) e racconta un film italiano che hai visto, o parla di uno spettacolo italiano che conosci o di una canzone italiana che ti piace particolarmente.

_____

_____

_____

_____

_____

_____

_____

Capitolo 11

Se gli esami andassero sempre bene!

PAROLE ED ESPRESSIONI NUOVE

Per cominciare

Speriamo di passare l'esame! Gli studenti universitari hanno sempre molte preoccupazioni! Devono decidere il piano di studi, pagare le tasse, seguire i corsi e studiare per gli esami... Scegliere la risposta corretta per completare le seguenti frasi.

1. Domani è l'ultimo giorno per pagare...
   a. la linguistica.
   b. la media.
   c. le tasse universitarie.

2. Come sono felice! Nell'esame ho preso...
   a. trenta e lode.
   b. il reddito.
   c. l'istituto.

3. Questa università è molto cara. Per fortuna, ho vinto...
   a. il piano di studio.
   b. la tesi.
   c. una borsa di studio.

4. Ho terminato tutti gli esami universitari. Ora devo solo scrivere...
   a. la tesi.
   b. il dipartimento.
   c. la facoltà.

5. Ogni studente spera di...
   a. sostenere un esame ogni giorno.
   b. superare ogni esame.
   c. frequentare corsi noiosi.

6. Tutti gli studenti vorrebbero...
   a. una media alta.
   b. le scienze gastronomiche.
   c. prendere sempre diciotto.

7. E tu? Quali sono le tue preoccupazioni e le tue speranze come studente universitario?

   _____

   _____

Lettura

L'esame orale. Giuseppina ha dovuto sostenere un esame orale di inglese ed era molto preoccupata. Racconta la sua esperienza ad un'amica. Completare il paragrafo con le seguenti parole, facendo le modifiche necessarie.

sollievo	rivolgere
farsi avanti	appello
impegno	libretto
scuotere	cattedra
assistente	scherzo

GIUSEPPINA: Avevo tanta paura! Sono arrivata all' _____ quindici

minuti in anticipo. Pensavo di poter ripassare, ma era inutile; se avessi studiato con più

_____ non sarei stata tanto preoccupata... Finalmente è arrivato

l'_____, che è andato subito alla _____. Mi ha

chiamato, ed io _____. Lui ha letto il mio _____

e poi ha _____ la testa. Finalmente, mi ha _____

una domanda su Chaucer. Che _____! La prima domanda era facilissima!

Mi sembrava quasi uno _____. Alla fine è andato tutto bene. Sono stata

molto fortunata!

Studio di parole

Presentare o introdurre? Pauline, una ragazza canadese, non sa quale parola usare. Bisogna aiutarla! Scegliere la parola che completa meglio la sua frase.

1. Quell'azienda è in bancarotta. È (fallita / mancata) il mese scorso.

2. Se stasera vieni alla festa ti (presento / introduco) il mio ragazzo!

3. Che brutta giornata! Sono stata (fallita / bocciata) all'esame di chimica.

4. Per pagare, basta (presentare / introdurre) la tessera nella macchina.

5. Non (mancherò / fallirò) di fartelo sapere.

6. Quella persona è sempre vestita male. Non (presenta / si presenta) certo bene!

STRUTTURA

⸺ **Parlare di situazioni reali o ipotetiche** ⸺

■ **I. *Periodo ipotetico con* se**

A. Probabilità, possibilità o impossibilità? Tre amici sono stati alla festa di Roberto e si parlano il giorno dopo. Cambiare le frasi secondo il modello.

ESEMPIO   MARCO: Se mangio troppi dolci, sto male.

                CARLA: D'accordo! *Se mangiassi troppi dolci, anch'io starei male.*

                LORENA: *Se avessi mangiato troppi dolci alla festa di ieri, sarei stata male!*

                           Per fortuna ne ho mangiati pochi.

1. MARCO: Se Roberto parla molto, io mi addormento.

    CARLA: D'accordo! _____

                           _____

    LORENA: _____

                           _____

                           _____ Per fortuna Roberto non mi ha parlato.

2. MARCO: Se mettono un disco di Tiziano Ferro, ballo.

    CARLA: D'accordo! _____

                           _____

    LORENA: _____

                           _____

                           _____ Purtroppo non avevano un suo CD.

3. MARCO: Se c'è la chitarra, la suono.

    CARLA: D'accordo! _____

                           _____

    LORENA: _____

                           _____

                           _____ Purtroppo nessuno l'aveva portata.

B. Se fossi tu, cosa faresti? Luigi pensa a tutte le possibilità della sua vita. Completare le sue frasi ipotetiche con la forma corretta del verbo.

1. Se vado a Milano, (potere) _____ frequentare l'università.

2. Se andassi a Milano, non (sapere) _____ a quale facoltà iscrivermi.

3. Se studio ingegneria, (essere) _____ più facile che io trovi un buon lavoro.

4. Se avessi studiato di più al liceo, (ricevere) _____ dei voti migliori in matematica.

5. Se non avessi dormito a lezione, il professore non mi (bocciare) _____ la prima volta.

6. Se io fossi stato ricco, (comprare) _____ un biglietto aereo e (andare) _____ a Londra.

7. Se vado in Inghilterra, (dovere) _____ parlare inglese.

8. Se potessi tornare indietro nel tempo, (studiare) _____ l'inglese!

```
Dare un suggerimento. Esprimere un dubbio.
```

■ II. *Altri usi di* se

Che cosa pensano gli studenti all'esame? Completare le frasi in modo originale.

1. Non so se...

   _____

2. Avrei studiato la *Divina Commedia* se...

   _____

3. Voglio sapere se...

   _____

4. Studierei di meno se...

   _____

5. Studierei di più se...

   _____

6. La professoressa mi chiede se...

   _____

7. I miei genitori vengono a prendermi se...

   _____

8. La mia ragazza non mi parlerà mai più se...

   _____

Modificare il senso della frase

■ III. *Avverbi*

Come si dice... ? Pina vuole parlare italiano, ma a volte non sa come dire alcune cose. Aiutiamola a tradurre le seguenti frasi dall'inglese all'italiano.

1. This morning I woke up late.

   _____

2. Alfredo is never rude.

   _____

3. We would very gladly come to the party.

   _____

4. Please, don't speak too quickly in Italian! I don't understand!

   _____

5. Today I don't feel very well.

   _____

6. Those two boys often study together.

   _____

7. Did you already call the doctor?

   _____

8. No, I haven't called him yet.

   _____

9. Luckily, classes are over!

   _____

10. What a great show! We really liked it.

    _____

Fare paragoni

■ IV. *Comparativi*

Luciano è un Italiano di Firenze che ha passato un semestre in Canada. Adesso è tornato in Italia e parla della sua esperienza. Completare le frasi con il comparativo adatto *(così/come, tanto/quanto, più/meno di/che)*. Fare le modifiche necessarie.

1. Il volo da Roma a Toronto è durato _____
_____ sette ore.

2. Il film che ho visto in aereo era _____ lungo
_____ volo.

3. A Toronto c'era tanta neve! Fa _____ caldo in Canada
_____ in Italia.

4. Siamo andati in macchina all'albergo. Ho notato subito che le macchine in Canada sono
generalmente _____ grandi _____ macchine
in Italia.

5. Volevo affittare una Vespa, però ci sono _____ motorini in Italia
_____ in Canada.

6. I motorini in inverno sono _____ utili _____
belli.

7. Abbiamo fatto una gita in Quebec, dove la gente parla _____
inglese _____ francese.

8. Siamo andati a vedere le cascate del Niagara. Ho visto _____ acqua
_____ quanto immaginavo!

9. Ho comprato qualche ricordo da portare a casa. Marina ha comprato
_____ ricordi _____ me.

10. In tutto, ho trascorso _____ _____ quattro
mesi in Canada.

■ V. *Superlativi*

A. Bellissimo! Riscrivere le frasi usando il superlativo relativo e il superlativo assoluto secondo l'esempio dato. **Attenzione:** dare il contrario nella seconda parte.

ESEMPIO   È un corso interessante.
            È il corso *più interessante*. È *interessantissimo*.
            È il corso *meno interessante*. È *noiosissimo*.

1. È un esame difficile.

    È l'esame _____. È _____.

    È l'esame _____. È _____.

2. È una professoressa simpatica.

    È la professoressa _____. È _____.

    È la professoressa _____. È _____.

3. Che libro lungo!

    È il libro _____. È _____.

    È il libro _____. È _____.

B. L'italiano è la lingua più bella che io conosca! Riscrivere le frasi usando il superlativo relativo e il congiuntivo come nell'esempio dato.

ESEMPIO   Ho un libro. È interessante.
                È il libro più interessante che io abbia.

1. Conosco quelle persone. Sono simpatiche.

   _____

2. Ascolti quella canzone. È allegra.

   _____

3. Ci sono molti ragazzi. Sono alti.

   _____

■ VI. *Comparativi e superlativi irregolari*

È il migliore! Completare le frasi con le parole nella lista.

migliore   ottima   inferiore   peggiore
minori   meglio   maggiore   massima

1. Sono felice. Tutto va bene. Non potrebbe andare _____.

2. Io ho 19 anni. Mio fratello ha 15 anni. Io sono _____.

3. Mi ha presentato il suo _____ amico.

4. Alessandro ha preso 18 nell'esame. Marco ha preso 25. Alessandro ha preso un voto _____.

5. In questo negozio i prezzi sono _____.

6. Questa torta è buonissima. È _____!

7. Ieri faceva caldo. La temperatura _____ è stata di 35 gradi centigradi.

8. Il prezzo di questo golfino è più basso, ma anche la qualità mi sembra _____.

LEGGIAMO!

■ Lettura: *Vita da studente!*

Martina è una studentessa italiana al terzo anno di giurisprudenza[1]. Ha deciso di raccontare la sua esperienza su un sito Web che raccoglie idee e consigli per ragazzi stranieri che vorrebbero andare a studiare in Italia. Leggere il suo racconto e rispondere alle domande seguenti.

Contributo in Studiare in Italia, informazioni, esperienze e consigli.
<u>Partecipa</u> a questo gruppo. Inizia una nuova discussione.
<u>Informazioni</u>

Studiare giurisprudenza in Italia
Contributo di: Martina
"martinternazionale@mandolaposta.it" – 26 aprile 2006
<u>Rispondi</u> | <u>Inoltra</u> | <u>Stampa</u>

È stato difficile per me scegliere un indirizzo di studi. Ho sempre pensato che avrei studiato economia. Così, durante il mio ultimo anno di liceo, ho cominciato a raccogliere informazioni sulle facoltà di economia e commercio nelle varie università milanesi. Quando però è giunto il momento di iscrivermi a economia ho cambiato idea! Consultando i piani di studio di altre facoltà, avevo scoperto un nuovo interesse per il diritto2 internazionale. Al liceo avevo studiato due lingue straniere, e lo studio del diritto mi appassionava molto. Così, eccomi ora al terzo anno di giurisprudenza. Sono felicissima!

Come la maggior parte dei miei compagni di studi, vivo ancora con i miei genitori. In Italia, infatti, di solito si studia nella propria città di origine o in un posto vicino raggiungibile3 in treno o in macchina. Ci sono talmente tante università in Italia che non è difficile trovarne una vicino a casa. Questo permette ai giovani di restare a vivere con i genitori e di risparmiare molti soldi. Affittare un appartamento sarebbe molto costoso, e poi vivere a casa con la famiglia ha molti vantaggi.

Di solito la mattina mi alzo verso le otto. Non ho lezione tutti i giorni, e di solito le mie lezioni non cominciano prima delle dieci. Così ho tempo di alzarmi con calma e di fare colazione a casa. Generalmente vado in università in tram, spesso insieme ad un'amica. Per pranzo mangio un panino al bar dell'università insieme ad alcuni compagni, poi vado ancora a lezione o in biblioteca a studiare. Per cena torno quasi sempre a casa, e dopo cena non esco quasi mai. Di solito studio un paio d'ore, ma spesso interrompo lo studio per parlare al telefono con il mio ragazzo o con i miei amici. Durante il week-end sono un po' più libera. Al sabato pomeriggio studio, mentre alla sera io e i miei amici andiamo in pizzeria e poi al cinema o in qualche locale ad ascoltare un po' di musica. Generalmente non torno mai a casa prima dell'una di notte. La domenica mattina dormo! Il pomeriggio, invece, studio e preparo gli esami.

Durante il semestre sono molto impegnata, però riesco sempre a trovare un po' di tempo per andare in palestra almeno due volte alla settimana.

Sono contenta della mia vita universitaria, ma confesso che non vedo l'ora di finire gli studi e di trovare un buon lavoro!

Se qualcuno di voi è interessato a venire a studiare legge in Italia (e a Milano in particolare) e volesse avere informazioni riguardo al piano di studi o altri dettagli riguardo la vita di tutti i giorni, sarò felice di rispondere ad ogni domanda. Mi raccomando, non esitate a contattarmi! Potete trovare il mio indirizzo di posta elettronica nella rubrica di questo sito Web. Il mio soprannome è «martinternazionale». Ciao!

Martina

Fine messaggio

---

[1]law [2]law [3]reachable

■ Domande

A. Domande di comprensione

1. Martina...
   a. è una ragazza straniera.
   b. studia giurisprudenza.
   c. fa la raccolta di siti Web.

2. Per Martina è stato difficile...
   a. andare al liceo.
   b. studiare le lingue.
   c. scegliere cosa studiare dopo il liceo.

3. La maggior parte degli studenti...
   a. vive in famiglia.
   b. vive con Martina.
   c. risparmia i soldi del treno.

4. Martina...
   a. fa colazione a casa e pranza in biblioteca.
   b. fa colazione a casa e pranza in università.
   c. pranza a casa e studia in biblioteca.

5. Martina di solito studia...
   a. il sabato sera.
   b. in palestra.
   c. la sera e nel week-end.

6. Martina incoraggia i lettori a scriverle in caso fossero interessati...
   a. al suo indirizzo di posta elettronica.
   b. a rispondere ad ogni domanda.
   c. a studiare in Italia.

B. Domande personali

1. Paragona la tua esperienza con quella di Martina. Quali sono le similitudini? E quali le differenze?

   _____

   _____

   _____

2. Qual è il tuo indirizzo di studi? È stato difficile sceglierlo?

   _____

   _____

   _____

3. A che ora ti alzi di solito? E a che ora vai a dormire?

   _____

   _____

4. In quali giorni studi di più? Quante ore alla settimana studi? Dove (in camera tua, in biblioteca, ...)?

_____

_____

5. Preferisci studiare da solo/a o in compagnia? Perché?

_____

_____

6. Ti piacerebbe andare a studiare in un paese straniero? Se sì, dove andresti? Se no, perché?

_____

_____

SCRIVIAMO E COMUNICHIAMO!

Per comunicare

Che esame difficile! Roberto e Alice hanno appena sostenuto un esame scritto di storia. Alice crede di avere risposto bene a tutte le domande, ma Roberto pensa di essere andato male e ha paura di essere bocciato. Scrivi un breve dialogo tra Alice e Roberto. Usa le espressioni nella sezione *Per comunicare* alla fine del Capitolo 11 del testo. Usa almeno dieci frasi.

ALICE: _____

ROBERTO: _____

ALICE: _____

ROBERTO: _____

_____

ALICE: _____

_____

ROBERTO: _____

_____

ALICE: _____

_____

ROBERTO: _____

_____

ALICE: _____

ROBERTO: _____

■ Ora scrivi tu!

In questo capitolo hai imparato nuove parole ed espressioni per parlare dell'università e delle scuole superiori. Adesso racconta qualcosa di te stesso/a e dei tuoi studi. Che cosa studi? Perché hai fatto questa scelta? Quali sono le difficoltà che devi affrontare? E le soddisfazioni che ricevi? Parla della tua esperienza in un paragrafo di almeno 60 parole. Includi almeno due frasi ipotetiche.

_____

_____

_____

_____

_____

_____

_____

_____

_____

_____

Lavora la tua mamma?

PAROLE ED ESPRESSIONI NUOVE

Per cominciare

La vita di una donna italiana. Santina è una donna sposata di trentadue anni. Ha un figlio di tre anni e lavora all'ufficio postale. Ci sono sempre tante cose da fare! Santina descrive una sua giornata tipica. Mettere in ordine le frasi con i numeri dall'uno al dieci.

_____ Mi alzo poco dopo, quando sento piangere Fausto, mio figlio.

_____ Per pranzo, prendo qualcosa da mangiare al lavoro.

_____ Dopo cena andiamo spesso da mia sorella che è in congedo per maternità. Il parto sarà fra due mesi ed ha bisogno di aiuto a casa.

_____ Mi prendo cura del bambino mentre mio marito dorme.

__*1*__ Di solito, mi sveglio alle cinque di mattina.

_____ Poi, vado all'ufficio postale. Sia io che mio marito lavoriamo; abbiamo bisogno di due stipendi.

_____ Porto Fausto all'asilo nido.

_____ Al lavoro, mi occupo subito di tante cose e di tanta gente.

_____ Ceniamo a casa. Non possiamo permetterci di mangiare al ristorante.

_____ È difficile conciliare il lavoro, il figlio e il marito. Non mi bastano le ore del giorno! Ogni giorno, però, supero ogni difficoltà, e alle dieci vado finalmente a letto.

11. E tu, cosa fai ogni giorno? Scrivi un breve paragrafo, elencando 10–12 cose che fai ogni giorno come parte della tua routine.

_____

_____

_____

Lettura

Donne in carriera! Meglio essere casalinga o lavorare? Alcune donne raccontano la loro esperienza. Completare le frasi usando il vocabolario dal brano «La donna, la famiglia e la carriera».

1. Lavoro in ospedale, ma non sono una dottoressa. Sono un' _____.

2. Attualmente non lavoro perché fra tre mesi avrò un bambino! Sono al sesto mese di

_____.

3. Molte persone comprano un'assicurazione da me. Sono una

_____.

4. Mi piace lavorare. A volte è faticoso gestire una famiglia e un lavoro, però lavorare mi dà

molta _____. Si tratta di trovare il giusto

5. Io, invece, preferisco restare a casa e fare la _____. Ogni

giorno, dopo essermi occupata delle _____, passo molto

tempo con i miei bambini.

6. Per me lavorare è un' _____. Ho bisogno di soldi per pagare il

mutuo della casa.

Studio di parole

Che cosa si aspettano? Ognuno si aspetta qualcosa dalla famiglia, dal lavoro, da se stesso. Ecco i pensieri della famiglia Melluso. Scegliere la parola che completa meglio la frase.

1. La figlia (aspetta / si aspetta di) tanti messaggi di e-mail dai suoi amici.

2. La mamma (aspetta che / si aspetta di) parlare con il marito di sera.

3. Ci sono sempre (molte discussioni / molti argomenti) quando i figli vogliono usare l'iPod insieme.

4. Al padre piace leggere molto. Trova affascinante qualsiasi (discussione / argomento) sui film.

5. Quando i bambini giocano, (fanno finta / pretendono) di essere extraterrestri.

6. Il padre non (finge / pretende) che la madre faccia tutte le faccende di casa.

STRUTTURA

I modi indefiniti del verbo. Il verbo in funzione di sostantivo.

■ I. *Infinito*

A. Povera Marta! Quali sono le preoccupazioni di Marta? Completare ogni frase con la preposizione corretta, quando è necessaria.

1. Mi sono abituata _____ fumare molte sigarette.

2. Non finisco mai _____ pulire la casa.

3. Vorrei _____ trovare un nuovo lavoro.

4. Devo continuare _____ fare la dieta.

5. Non penso _____ essere capace _____ fare tutto!

6. Sto per avere una bambina. Per fortuna il congedo è facile _____ ottenere!

7. Non compro vestiti senza _____ il parere della mia migliore amica.

8. Vorrei frequentare corsi all'università invece _____ lavorare.

9. Ho paura _____ uscire da sola a mezzanotte.

10. Finirò _____ stancarmi di tutto e tornare dai miei genitori!

B. Altre preoccupazioni. Riscrivere i pensieri di Marta dal presente al passato, usando l'infinito passato.

ESEMPIO   Temo di perdere l'autobus.
                Temo di avere perso l'autobus.

1. Temo di spendere troppo per il medico.

    _____

2. Sono felice di essere una donna indipendente.

    _____

3. Sono contenta di avere un marito simpatico e carino.

    _____

4. Mio marito spera di trovare un altro lavoro.

    _____

5. Mia figlia crede di essere una gatta.

    _____

6. Mia madre dice di sentire delle voci.

    _____

7. Io penso di diventare ricca.

    _____

Forme implicite del verbo

■ II. *Gerundio*

Una famiglia molto impegnata! La famiglia Battaini è molto numerosa e tutti sono sempre molto impegnati. Cosa stanno facendo stasera? Adele ci racconta una tipica serata in famiglia. Riscrivere le frasi usando il gerundio presente e poi quello passato secondo l'esempio.

ESEMPIO   Io parlo al telefono.
                Io sto parlando al telefono.
                Io stavo parlando al telefono.

1. Enrico legge.

   _____

   _____

2. Silvia e Gabriella giocano a carte.

   _____

   _____

3. Credo che voi vi divertiate.

   _____

   Credevo _____

4. Il papà lavora un po' al computer.

   _____

   _____

5. Io e Giovanna ci prepariamo per uscire.

   _____

   _____

6. La mamma e Paola guardano un film.

   _____

   _____

7. E tu, cosa fai?

   _____

   _____

■ III. *Participio*

A. Aggettivo, nome o verbo? Indicare se i seguenti participi presenti sono usati come aggettivi, nomi o verbi, e scrivere il verbo dal quale sono derivati.

ESEMPIO   Gli <u>abitanti</u> di Milano superano i due milioni.
           nome, abitare

1. Andrea Bocelli è uno dei miei <u>cantanti</u> preferiti.

   _____

2. Quella ragazza è sempre <u>sorridente</u>.

   _____

3. In questa classe ci sono dei bravi <u>studenti</u>.

_____

4. Ho ricevuto un pacco <u>contenente</u> i libri di arte.

_____

5. È un documentario <u>interessante</u>.

_____

6. Hanno comprato un quadro <u>raffigurante</u> un paesaggio montano.

_____

B. Una tipica giornata. Giovanna, una giovane donna sposata da due anni e impiegata a tempo pieno, racconta la sua giornata. Completare il seguente paragrafo con la forma corretta del participio passato.

Stamattina mi sono (alzare) _____ alle 6.30. Ho (fare)

_____ colazione, mi sono (lavare) _____

e (vestire) _____ e sono (uscire) _____

per andare al lavoro.

In ufficio avevo così tante cose da fare che non sono nemmeno (riuscire)

_____ a pranzare. Il mio capo mi ha (telefonare)

_____ alle 2.00 del pomeriggio per dirmi che sarebbe (arrivare)

_____ tardi all'appuntamento che aveva con alcuni clienti. I clienti

sono (rimanere) _____ ad aspettare in ufficio fino alle 3.00! Poi,

finalmente, il mio capo è (arrivare) _____.

Alle cinque ho (spegnere) _____ il computer, sono (uscire)

_____ dall'ufficio e sono (andare) _____

in palestra con la mia amica. Abbiamo (fare) _____ ginnastica

aerobica e ci siamo (stancare) _____ molto. Sono (ritornare)

_____ a casa alle 7.00, ho (cenare) _____,

e poi io e mio marito ci siamo (riposare) _____ sul divano e

abbiamo (vedere) _____ un bel film alla televisione.

LEGGIAMO!

■ Lettura: *Al lavoro*

Silvana è una ragazza veneziana di 24 anni. Si è appena laureata in informatica e cerca un buon lavoro. Vuole continuare ad abitare con i suoi genitori. Ecco gli annunci che legge sul giornale di oggi.

n. 1: Sei capace di cogliere[1] l'opportunità di fronte all'ostacolo? Allora sei la persona che stiamo cercando... uno che coglie al volo[2] le sfide[3] e vuole aiutarci a costruire una rete[4] di campioni della vendita! C.R.S. azienda a Roma, leader nel settore del condizionamento, ricerca venditori. La residenza in Regione è requisito essenziale. Si offre: continua formazione tecnica, commerciale e manageriale. Per i candidati che si dimostreranno particolarmente brillanti è prevista una concreta possibilità di carriera. Invia il tuo Curriculum Vitae all'e-mail info@crs.it o al fax 011/25.291.222.

n. 2: La lavanderia di V. Rossi cerca urgentemente una stiratrice–apprendista[5]. Caratteristiche: max 22 anni, residente a Venezia. Inviare e-mail con CV a: lavanderiarossi@libero.it

n. 3: Ditta Animazione con sede[6] a Palermo ricerca animatori turistici per villaggi in Italia ed Estero: capi animazione, sportivi, coreografi, ballerini, scenografi, costumisti, mini club, hostess, DJ, piano bar. Anche senza esperienza! Info.—staff@dittanimazione.it

n. 4: World Solutions seleziona collaboratori in ambito[7] IT per la sede di Venezia. I candidati, possibilmente neolaureati o laureati, devono essere in possesso di conoscenze in ambito Microsoft® (sviluppo e/o sistemi), da perfezionare tramite[8] un percorso intenso di training «on the job» il cui obiettivo finale è l'inserimento in un contesto lavorativo. La ricerca è rivolta ad ambo[9] i sessi. Inviare Curriculum al seguente indirizzo e-mail: carlo.magno@solutions.it

n. 5: Lavoro srl, società di ricerca e selezione del personale ricerca 2 consulenti risorse umane da inserire rispettivamente presso le filiali[10] di Venezia e Milano. I candidati cureranno l'attività commerciale di acquisizione e gestione[11] clienti. Si richiede una età compresa tra i 30 ed i 35 anni, laurea e/o specializzazione in Risorse Umane, esperienza di almeno 3 anni in ruolo analogo e nella pratica di metodologie di selezione, valutazione e sviluppo delle risorse umane. Gli interessati di entrambi i sessi possono inviare il proprio Curriculum Vitae a dante.moravia@lavoro.com

---

[1]seize [2]at once [3]challenges [4]network [5]apprentice ironer [6]office [7]sphere, circuit [8]through [9]both [10]branches [11]management

■ Domande

A. Domande di comprensione

1. Dove abita Silvana?
   a. Torino
   b. Venezia
   c. Non si sa.

2. Il primo annuncio offre il lavoro per la gente che vuole...
   a. fare ricerca.
   b. essere venditore/venditrice.
   c. cogliere le sfide.

3. Per quali annunci di lavoro non è necessaria una laurea?
   a. Annunci numeri 1 e 5
   b. Annunci numeri 4 e 3
   c. Annunci numeri 2 e 3

4. Per Silvana, non sarebbe possibile abitare con i genitori se prendesse il lavoro dell'annuncio numero...
   a. 1
   b. 2
   c. 4

5. Qual è il lavoro migliore per Silvana e perché?
   _____
   _____

B. Domande personali

1. Quale annuncio sarebbe il più interessante per una ragazza italiana che ama viaggiare? Perché? Hai mai fatto un lavoro così?
   _____
   _____
   _____

2. Ti piacerebbe il lavoro dell'annuncio n. 2? Perché?
   _____
   _____

3. Quali annunci indicano l'età del candidato? Secondo te, è bene selezionare un candidato per un lavoro in base a quanti anni ha? Perché?
   _____
   _____
   _____

4. Se tu volessi un lavoro, quale annuncio sarebbe il migliore per te? Perché?

_____

_____

 ## SCRIVIAMO E COMUNICHIAMO!

Per comunicare

Un aumento di stipendio. Anna è ingegnere e lavora alla FIAT. Torna a casa con buone notizie! Che cosa ne pensa il suo ragazzo Alberto? Scrivere le risposte adatte usando le espressioni nella sezione *Per comunicare* alla fine del Capitolo 12 del testo.

ANNA: Alberto, dove sei? Sono arrivata!

ALBERTO: _____

ANNA: Mio caro, ho delle buone notizie.

ALBERTO: _____

ANNA: Ho parlato oggi con il mio capo. Lei mi ha detto che sono stata bravissima quest'anno!

ALBERTO: _____

ANNA: Mi ha dato un aumento di stipendio!

ALBERTO: _____

ANNA: Dobbiamo festeggiare. Andiamo al ristorante o al cinema?

ALBERTO: _____

ANNA: Hai fame o no?

ALBERTO: _____

ANNA: Non voglio decidere sempre tutto io!

ALBERTO: _____

ANNA: A proposito, mi hanno offerto anche un nuovo posto di lavoro. Posso trasferirmi a New York! Che ne pensi?

ALBERTO: _____

ANNA: Lo sapevo!

■ Ora scrivi tu!

Come si occupano Rosalba, Chiara e Paola? Guardando i disegni, immaginare chi sono queste donne. Scrivere tre paragrafi spiegando chi sono e cosa fanno.

ROSALBA   CHIARA   PAOLA

_____

_____

_____

_____

_____

_____

_____

_____

_____

_____

_____

_____

_____

_____

Il dottore chi lo paga?

Capitolo 13

PAROLE ED ESPRESSIONI NUOVE

(**Per cominciare**)

L'attività fisica. Silvia ha deciso di fare attività fisica ogni giorno. Ne parla con un'amica. Quali parole usa? Mettere in ordine le lettere fra parentesi per trovare la parola nascosta che corrisponde alla definizione.

ESEMPIO   Uno svago, un divertimento (zseaidrnito)
distrazione

1. Il ballo (azdna)

    ____ ____ ____ ____ ____

2. Si pratica al mare, o in piscina (outno)

    ____ ____ ____ ____ ____

3. Tenersi in forma, non ingrassare (nmeeatnre al aniel)

    ____ ____ ____ ____ ____ ____ ____ ____ ____   ____ ____ ____ ____

    ____ ____ ____ ____ ____ ____

4. Una camminata (esagasptaig)

    ____ ____ ____ ____ ____ ____ ____ ____ ____ ____

5. Un'escursione (atig)

    ____ ____ ____ ____

6. È accanto alla strada e lo usano i pedoni (eamipcdreia)

    ____ ____ ____ ____ ____ ____ ____ ____ ____ ____

7. Un membro (oisco)

    ____ ____ ____ ____ ____

8. In questo luogo si fa molta ginnastica (apeartls)

    ____ ____ ____ ____ ____ ____ ____ ____

9. Soccorre le persone in caso di emergenza, le porta all'ospedale (azumablna)

    ____ ____ ____ ____ ____ ____ ____ ____

10. Aiutano le persone che non possono camminare bene a camminare meglio (pseltalme)

    ____ ____ ____ ____ ____ ____ ____ ____

Lettura

La sfortuna di Emanuele. Emanuele non è mai fortunato. Ecco la storia di una sua giornataccia. Mettere le frasi in ordine per costruire la sua storia. Usare i numeri dall'uno al dodici.

_____ Ha portato Emanuele al pronto soccorso.

_____ Purtroppo, Emanuele ha avuto un incidente. Un gatto ha attraversato la strada!

__1__ Emanuele è uscito di casa in motorino per andare in ufficio.

_____ Emanuele è stato visitato da un medico e poi gli hanno fatto delle radiografie.

_____ Il gatto, per fortuna, stava bene. Emanuele, però, si è fatto male alla gamba e non poteva più guidare la moto.

_____ Poco dopo, è arrivata un'ambulanza.

_____ Emanuele ha lasciato la corsia con le stampelle ed una ricetta medica.

_____ Un uomo in automobile ha visto l'incidente e ha telefonato per chiedere aiuto.

_____ Dopo aver visto i risultati, il medico ha capito che Emanuele si era rotto la gamba.

_____ Il chirurgo ha detto che non bisognava operarlo, ma che era necessaria un'ingessatura.

_____ È tornato a casa dove ha preso un farmaco antidolorifico.

_____ Per fortuna la sua guarigione è stata rapida ed anche gratuita, grazie al servizio sanitario italiano!

E poi, cosa succede? Completa la storia con due frasi.

_____

_____

Studio di parole

Simpatico o antipatico? Marie Noelle e Luke sono due giovani stranieri che studiano in Italia per un semestre. Sono diventati amici e frequentano gli stessi corsi all'università. Mentre mangiano un panino a pranzo, parlano di alcuni corsi, di alcuni professori e di alcuni compagni. Completare i loro commenti usando le parole nella sezione *Studio di parole* del Capitolo 13 del testo.

1. Il corso di storia è difficile, ma il professore è molto _____.

2. Quei due studenti non sono bravi. Studiano poco e poi si lamentano se sono bocciati.

   Non ho nessuna _____ per loro.

3. La professoressa di italiano è sicuramente la più _____!

4. Hai visto com'è difficile l'esame di linguistica? E poi il professore è così severo che non ci

   _____ certo la vita più facile.

5. Com'è brava la professoressa di arte! E poi credo che per me provi molta

   _____.

6. A te è _____ quell'assistente? A me è molto

   _____! Il suo corso, però, è davvero interessante.

STRUTTURA

(**Parlare di relazioni causali**)

■ I. Fare + *infinito*

Che cosa le ha fatto fare? Margherita è andata a trovare sua madre per preparare una cena per festeggiare l'uscita dall'ospedale di sua zia. C'erano tante cose da fare! Spiegare quello che ha fatto, riscrivendo le frasi secondo il modello.

ESEMPI   Fanno cucinare Margherita. (le lasagne)
Fanno cucinare le lasagne a Margherita.
La fanno lavare. (i piatti)
Le fanno lavare i piatti.

1. La mamma fa suonare Margherita. (il sassofono)

   _____

2. Margherita fa cuocere. (il vitello)

   _____

3. Fanno cantare suo fratello. («Nessun dorma»)

   _____

4. Lo fanno disegnare. (un cartello)

   _____

5. Carlo fa leggere Margherita. (le notizie)

   _____

6. La fanno friggere. (le patate)

   _____

7. Hanno fatto pagare Luisa. (le spese)

   _____

8. Li ha fatti mangiare. (la cena)

   _____

9. Fatela mangiare! (l'antipasto)

   _____

Permettere a qualcuno di fare qualcosa

■ II. Lasciare + *infinito*

Chi mi permette di andare via? Scrivere la storia usando *lasciare* + *infinito* secondo il modello.

ESEMPIO   Il medico / zia Annabella / andare via
            Il medico lascia andare via zia Annabella.

1. Roberto / il medico / parlare

   _____

2. Zia Annabella / il medico / firmare il modulo

   _____

3. L'infermiera / Roberto / accendere la TV

   _____

4. Zia Annabella / Roberto / telefonare

   _____

5. Loro / Valentina / guidare

   _____

6. La zia / Valentina / aprire la porta

   _____

7. Marta / la zia / dormire a casa sua

   _____

8. Roberto / il gatto / entrare

   _____

9. Il gatto / il topo / mangiare il formaggio

   _____

10. Il gatto / lui / mangiarlo

   _____

■ III. *Verbi di percezione + infinito*

Un pomeriggio al parco. Un gruppo di amici passa un pomeriggio al parco sulla riva del lago di Garda. Barbara racconta quello che fanno le persone. Riscrivere le frasi, alla pagina seguente, sostituendo l'infinito a *che + verbo* come nell'esempio.

ESEMPIO   Sento una barca <u>che parte</u>.
            Sento una barca partire.

1. Guardo alcuni ragazzi che giocano a pallone. Sono bravi!

   _____

2. Il bagnino (life guard) osserva la gente che nuota.

   _____

3. Si sentono i bambini che ridono e si divertono sull'altalena (swing).

   _____

4. Osservo due ragazze che corrono. Mi sembrano più in forma di me!

   _____

5. Vedi anche tu altri nostri amici che arrivano?

   _____

6. Ascoltiamo un nostro amico che suona la chitarra.

   _____

> ### Parlare di persone, cose o eventi in successione

■ IV. *Numeri ordinali*

Quante volte? Gianni racconta la storia di sua sorella. Completare le frasi scrivendo la forma corretta del numero ordinale o la frazione fra parentesi.

ESEMPIO   (3) Questa è la *terza* volta che mi sono rotto il braccio.

1. (5) Maria è la mia _____ sorella. È infermiera.

2. (60) Oggi è il suo _____ giorno in ospedale.

3. (9) Questo è il suo _____ lavoro.

4. (1) Domani sarà il _____ aprile.

5. (28) Sarà il suo _____ compleanno.

6. (1.000) È la _____ volta che telefono a Maria.

7. (4) Andiamo insieme a vedere «Enrico _____».

8. (20) Fu scritto nel Novecento, cioè nel _____ secolo.

9. (3/4) Quarantacinque minuti sono _____ d'ora!

10. (1/2) Ho comprato _____ litro di acqua minerale.

Relazioni di una parola con un'altra

■ V. *Preposizioni*

Dal dottore! Ci sono molti pazienti oggi nella sala d'attesa del Dottor Zema; alcuni sono soli, alcuni in compagnia. Che cosa si dicono? Completare le seguenti frasi con la preposizione corretta (semplice o articolata).

ESEMPI   La ringrazio _____ il suo disturbo, dottore.

La ringrazio ___*per*___ il suo disturbo, dottore.

Mi meraviglio _____ (il) tuo coraggio.

Mi meraviglio ___*del*___ tuo coraggio.

1. Ieri mi sono appoggiato _____ (il) tavolo, ma poi sono scivolato e sono caduto. Ho paura di essermi rotto un braccio.

2. Mio marito soffre _____ reumatismi. Questo dottore dovrebbe aiutarlo.

3. Non pensare troppo _____ (i) tuoi mali, non è niente di grave.

4. Non so per quanto dovrò continuare questa cura. Dipende _____ come mi trova oggi il dottore.

5. Il dottore dice che dovrei dimagrire, ma io non posso fare a meno _____ mangiare dolci!

6. L'infermiera è sempre gentile _____ tutti.

7. Ringraziamo _____ avere un dottore così bravo! Sono contento _____ essere suo paziente.

8. E speriamo _____ tempi migliori!

LEGGIAMO!

■ Lettura: *L'ospedale di Santa Maria della Scala*

Ernesto è andato a trovare Armando, un suo amico che abita a Siena. Sono andati insieme a vedere l'ospedale di Santa Maria della Scala, molto vicino al famoso duomo di Siena. Leggere il loro dialogo e rispondere alle domande che seguono.

ERNESTO: Mi pare molto antico questo edificio. Guarda l'entrata!

ARMANDO: Hai ragione, Santa Maria della Scala è vecchissima. Infatti, è stato uno dei primi ospedali in Europa. La leggenda dice che è stato fondato nel nono secolo. Ci sono riferimenti scritti all'ospedale che risalgono all'undicesimo secolo.

ERNESTO: È davvero un ospedale? Non mi sembra!

ARMANDO: È stato l'ospedale maggiore di Siena per più di mille anni. Conosci quell'autore, Italo Calvino, i cui romanzi mi piacciono tantissimo? Calvino ebbe la sfortuna di essere uno degli ultimi ospiti dell'ospedale; lui è morto qui nel 1985. Però, adesso c'è un ospedale nuovo a Siena, e Santa Maria della Scala è diventato recentemente un museo davvero unico. Entriamo!

ERNESTO: Che meraviglia! Io non ho mai visto un ospedale così bello! In questa sala ci sono molte opere d'arte e tanti affreschi[1] bellissimi.

ARMANDO: Questa si chiama la sala del Pellegrinaio. È molto grande, vero? È stata dipinta da Domenico Bartolo e da altri artisti importanti del Cinquecento. L'hanno restaurata bene! Il ciclo di affreschi è un'opera importante perché è dedicata alla storia dell'ospedale. Di solito nei musei l'arte di questo periodo ha per argomento la religione.

ERNESTO: Questi dipinti ci fanno vedere la storia dell'ospedale? Come?

ARMANDO: Guarda! Qui vediamo la visione della madre di Beato Sorore, l'uomo che ha fondato l'ospedale, morto nell'anno 898. È probabile che quest'uomo non esistesse veramente; infatti, la parola «sorore» assomiglia molto alla parola «suore»[2]. Però, la leggenda parla di questo Sorore, e dell'istituto che lui ha aperto per ospitare i tanti pellegrini[3] che andavano a Roma lungo la via Francigena. La parola «ospedale» non aveva lo stesso significato di oggi. Un ospedale era simile ad un alloggio in quel periodo.

ERNESTO: Ma questo affresco non rappresenta un albergo! Cosa succede nella visione? Penso di vedere dei bambini ed una scala a pioli[4]!

ARMANDO: Nella visione, la mamma ha visto il futuro lavoro di suo figlio. L'ha visto prendersi cura dei bambini abbandonati, e poi ha visto i bambini salire la scala per entrare in Paradiso e raggiungere la Madonna. A causa della visione, hanno aperto una sezione speciale per curare i bambini abbandonati. Hai notato il nome e il simbolo dell'ospedale? «Scala»?

ERNESTO: Magnifico! E guarda qua, cosa rappresentano questi affreschi?

ARMANDO: Quegli affreschi sono stati dipinti nel Seicento. Rappresentano la vita quotidiana all'ospedale. Qui vediamo le balie[5] che allattano gli orfani, qui le balie sono pagate con soldi e con il grano. Là vediamo una persona ammalata che si confessa prima di essere operata. Poi c'è la distribuzione del pane ai poveri, e l'istruzione e il matrimonio delle donne giovani.

ERNESTO: È stupendo! Si può anche vedere l'ospedale stesso negli affreschi. C'è altro da vedere?

ARMANDO: Sì, Santa Maria della Scala è grandissima! Ci sono delle cappelle da vedere; specialmente quella dedicata a Santa Caterina della Notte, un oratorio al buio[6]. C'è tutta l'arte dell'ospedale stesso, ed anche quella delle esibizioni del museo. E infine, c'è un museo archeologico sotto l'ospedale.

ERNESTO: Sotto?

ARMANDO: Sì, nelle gallerie medievali! Ci sono delle raccolte archeologiche molto importanti ed affascinanti. E chissà, forse vedremo nelle tenebre le ossa dei morti sepolti durante la peste nera! Ti farà paura?

---

[1]frescoes [2]nuns [3]pilgrims [4]ladder [5]wetnurses [6]in the dark

■ Domande

A. Domande di comprensione. Vero o falso? Indica se le seguenti affermazioni sono vere o false. Se sono false, correggi la frase.

1. _____ L'ospedale di Santa Maria della Scala non è mai stato un ospedale.

   _____

2. _____ Oggi Santa Maria della Scala è un museo.

   _____

3. _____ C'è una leggenda che racconta la storia della fondazione dell'ospedale.

   _____

4. _____ Beato Sorore era la madre della persona che ha fondato l'ospedale.

   _____

5. _____ La sala del Pellegrinaio contiene soltanto affreschi con argomenti religiosi.

   _____

6. _____ La «scala» è simbolo dell'ospedale a causa della sua costruzione, per cui hanno avuto bisogno di tante scale a pioli.

   _____

7. _____ L'ospedale ha rifiutato di accogliere gli orfani. Si prendeva cura soltanto dei pellegrini.

   _____

8. _____ Uno scrittore italiano è morto nell'ospedale nel ventesimo secolo.

   _____

9. _____ Le donne che allattavano i bambini non erano pagate per il loro lavoro; era un lavoro volontario.

   _____

10. _____ Gli affreschi non sono le uniche cose da vedere a Santa Maria della Scala.

    _____

11. _____ Le gallerie sotto l'ospedale contengono soltanto le ossa.

    _____

12. _____ Ci sono delle cappelle in Santa Maria della Scala.

    _____

B. Domande personali

1. Hai letto che la funzione degli ospedali è cambiata molto negli ultimi mille anni. Spiega alcuni di questi cambiamenti.

_____

_____

_____

2. Ti piacerebbe vedere questo ospedale/museo? Perché?

_____

_____

_____

3. Hai mai visto un ospedale con delle opere d'arte? Se sì, descrivilo. Se no, descrivi un tipico ospedale.

_____

_____

_____

4. Secondo te, ai pazienti piacerebbe essere curati nelle sale ornate, come quelle dell'ospedale di Santa Maria della Scala? Perché?

_____

_____

_____

5. Sei mai stato/a in un museo particolare che ti ha colpito? Racconta l'esperienza.

_____

_____

_____

6. Ti piacciono gli oggetti archeologici? Ti sembra una buon'idea metterli in un museo sotterraneo? Perché?

_____

_____

_____

SCRIVIAMO E COMUNICHIAMO!

Per comunicare

Come stai? Caterina è al supermercato. Vede Luigi, un amico dall'università. È da due mesi che non vede Luigi, e Caterina è sorpresa quando lo vede con un'ingessatura alla gamba! Di che cosa parlano? Scrivere il loro dialogo, usando le espressioni dalla sezione *Per comunicare* del Capitolo 13 del testo.

CATERINA: _____

LUIGI: _____

CATERINA: _____

_____

LUIGI: _____

_____

CATERINA: _____

_____

LUIGI: _____

_____

CATERINA: _____

_____

LUIGI: _____

_____

CATERINA: _____
_____

LUIGI: _____

_____

CATERINA: _____

LUIGI: _____

■ Ora scrivi tu!

In questo capitolo hai imparato nuove parole ed espressioni per parlare della salute e del servizio sanitario. Adesso scegli uno dei seguenti titoli e scrivi una breve composizione di circa 60 parole.

1. Come funziona il servizio sanitario nel tuo paese? Quali sono le differenze con quello italiano? Secondo te, qual è il servizio migliore? Perché?

2. Racconta una tua esperienza dal dottore o in ospedale. Che cosa è successo?

_____

_____

_____

_____

_____

_____

_____

_____

_____

_____

_____

_____

Tesori d'arte dappertutto!

14

PAROLE ED ESPRESSIONI NUOVE

Per cominciare

Città italiane. Usando il vocabolario della lettura «Vivere in Italia: Roma da scoprire», inserire le parole per completare il cruciverba.

1. Abbattere una costruzione, distruggere
2. Cominciare qualcosa
3. Fabbricare, edificare
4. Sisma
5. In questo luogo ci abitano gli abati
6. Itinerario, tragitto
7. Quello che rimane di un antico edificio
8. Accordare qualcosa
9. Entrata
10. Edificio destinato alla venerazione di un dio o degli dei

Lettura

Parliamo delle torri! Steven, uno studente americano, è andato a vedere un paese medievale in Italia. È stato bellissimo! Steven vuole parlare della città con un amico italiano ma non sa come usare alcune parole italiane. Ha bisogno di aiuto! Abbinare la parola a sinistra con la definizione a destra.

_____ È usata dai turisti quando vogliono trovare i musei e monumenti di una città.

_____ Una battaglia, un combattimento.

_____ Molte sono state costruite nel medioevo; sono molto alte ed erano spesso usate per la difesa.

_____ Un paese, un villaggio.

_____ È il punto più alto di una montagna.

_____ Non esserci più.

_____ Mettere insieme, legare.

_____ Dentro la casa si chiama «la parete».

_____ Essere di qualcuno; indica possesso.

_____ Essere avvenuto in un tempo anteriore.

1. il borgo
2. la carta
3. la cima
4. la lotta
5. il muro
6. la torre
7. appartenere
8. collegare
9. risalire a
10. scomparire

Studio di parole

Traslocare o trasferirsi? Cosa succede nella casa di queste persone? Scegliere la parola o l'espressione che completa meglio la frase. Fare riferimento alle parole nella sezione *Studio di parole* del Capitolo 14 del testo.

1. Aldo (salva / conserva) in una vetrina molti oggetti raccolti durante i suoi viaggi.

2. Tina ha (spostato / mosso) il quadro dall'anticamera alla sala.

3. Ho una bella foto del mio papà sulla scrivania. A volte, quando la guardo, mi (commuovo / muovo).

4. Finalmente la nonna ha (cambiato casa / spostato) ed è venuta ad abitare vicino a noi!

5. Noi stiamo (salvando / risparmiando) soldi per comprare una casa nuova.

6. Marisa e Carlo hanno (traslocato / trasferito) il mese scorso.

STRUTTURA

(**Il soggetto subisce l'azione**)

■ **I. *Forma passiva***

Beth, una turista inglese, ha tante domande sull'Italia. Rispondere alle sue domande, cambiando le frasi dalla forma attiva alla forma passiva secondo il modello.

ESEMPIO   Chi ha scolpito la *Pietà*? (Michelangelo)
La Pietà *è stata scolpita da Michelangelo.*

1. Chi ha inventato la radio? (Marconi)

   _____

2. Chi canta la canzone «Rosso relativo»? (Tiziano Ferro)

   _____

3. Chi scrisse *Il Decameron*? (Boccaccio)

   _____

4. Chi porta i vestiti alla moda? (tutti)

   _____

5. Chi ha fatto costruire il Colosseo? (i Romani)

   _____

6. Chi aveva dipinto *La primavera*? (Botticelli)

   _____

7. Chi vede le Alpi? (noi)

   _____

8. Chi pagherà la gondola a Venezia? (io)

   _____

9. Chi ha vinto il Palio di Siena? (la contrada dell'Onda)

   _____

10. Chi compra il gelato per me? (nessuno)

   _____

Esprimere un'azione in termini generali

■ II. *Si passivante*

Andiamo a Roma! Un gruppo di giovani milanesi ha deciso di andare a Roma per il week-end. Ecco il loro programma di viaggio. Riscrivere le seguenti frasi usando il si passivante come nell'esempio.

ESEMPIO È stato prenotato il viaggio.
Si è prenotato il viaggio.

1. Il viaggio da Milano a Roma sarà fatto in treno.

   _____

2. È richiesto l'acquisto del biglietto prima di salire sul treno.

   _____

3. I posti sono già stati prenotati.

   _____

4. In treno sono offerti cibo e bevande.

   _____

5. È fornita anche una guida turistica di Roma.

   _____

6. È venduto anche un libro delle più importanti opere d'arte.

   _____

■ III. *Si impersonale*

A spasso con Aldo! Aldo è uno studente di ingegneria che durante l'estate lavora come guida turistica sull'Appennino tosco-emiliano. Accompagna i turisti a vedere le rovine di un antico villaggio situato in cima ad una collina. Cosa si fa di solito? Riscrivere le seguenti frasi usando il *si* impersonale come nell'esempio.

ESEMPIO La sera andiamo a letto presto.
La sera si va a letto presto.

1. Non ci alziamo tardi.

   _____

2. Facciamo una colazione leggera e nutriente.

   _____

3. Non beviamo alcolici e non fumiamo.

   _____

4. Non ci lamentiamo troppo del caldo.

   _____

5. Camminiamo senza fermarci fino a mezzogiorno.

   _____

6. Beviamo acqua molto frequentemente.

   _____

7. Vediamo cose che non abbiamo mai visto!

   _____

(**Mettere in relazione parole o frasi fra di loro**)

■ IV. *Preposizioni e congiunzioni*

Una gita turistica! Qual è la risposta giusta? Scegliere la parola o l'espressione che meglio completa la frase.

1. Noi andiamo a Milano (dopo / dopo di) lei.
2. Non ho più visto la Cappella Sistina (dopo di / dopo che) è stata restaurata.
3. Saliamo in treno (prima che / prima di) arrivi tutta la gente!
4. Arriviamo a Como (prima che / prima di) mezzanotte.
5. Siamo restati un altro giorno a Napoli (a causa / perché) dello sciopero dei treni.
6. (Dato che / Da quando) è arrivata Nina mangiamo sempre la pizza.
7. Non spendiamo tanti soldi (fino a / finché) non apre la banca.
8. Il museo è aperto (fino alle / finché) quattro.
9. Non mi piace viaggiare (senza / senza di) mio marito.
10. Mio marito non viaggia mai (senza / senza di) me.

■ V. *Discorso diretto e indiretto*

Che cosa hai sentito dire...? Alessandro è andato al museo dell'Accademia a Firenze per vedere il *David* di Michelangelo. Ha sentito parlare un gruppo di turisti. Che cosa ha sentito? Riscrivere le frasi al discorso indiretto secondo il modello.

ESEMPI   La donna alta dice: «La statua è grandissima!»
            La donna alta dice che la statua è grandissima.
            L'uomo basso ha detto: «È fatta di marmo!»
            L'uomo basso ha detto che era fatta di marmo.

1. Il bambino olandese dice: «Mamma, quell'uomo è nudo!»

   _____

   _____

2. La ragazza americana disse: «Fammi vedere!»

_____

_____

3. Il signore spagnolo diceva: «Fu un artista meraviglioso.»

_____

_____

4. La donna italiana ha detto: «Hanno pulito bene la statua.»

_____

_____

5. Una signorina dice: «Penso che ci siano le cartoline.»

_____

_____

6. Una ragazza giapponese diceva: «Ci saranno anche delle altre statue da vedere.»

_____

_____

7. Lo studente egiziano ha detto: «Questo museo non è molto grande.»

_____

_____

8. La donna con i capelli rossi diceva: «C'è troppa gente qua; è meglio andare via!»

_____

_____

LEGGIAMO!

■ Lettura: *La fabbrica del Duomo*

Guido, un giovane universitario che studia chimica a Milano, incontra per strada la sua amica Adeline, una ragazza canadese che studia matematica.

GUIDO: Ciao Adeline, cosa fai di bello in giro?

ADELINE: L'ultima lezione del giorno è appena finita e stavo andando a casa.

GUIDO: Anch'io ho finito le lezioni per oggi. Ti va di fare qualcosa insieme?

ADELINE: Mi piacerebbe davvero molto, ma devo ancora finire il progetto per il corso di fisica al quale sto lavorando da molto tempo...

GUIDO: Ancora quel progetto? Santo Cielo, mi sembra la fabbrica del Duomo!

ADELINE: La fabbrica del Duomo?!?

GUIDO: Sì, è un modo di dire che in italiano usiamo spesso per parlare di un lavoro interminabile! Proprio come il tuo progetto! Sei sicura che devi lavorare oggi? Potremmo andare in centro e salire sul Duomo. È una giornata serena oggi, e con l'aria così pulita possiamo vedere dall'alto il panorama della città circondata dalle montagne. Che ne dici?

ADELINE: Mi hai convinto! Andiamo, sarà divertente.

GUIDO: Perfetto! Prendiamo il metró[1].

ADELINE: Mentre andiamo, leggiamo la storia del Duomo sulla mia guida.

GUIDO: Hai ancora quella guida turistica di Milano?

ADELINE: Certo, la porto sempre con me!

Nel 1386 fu costituita la Veneranda Fabbrica del Duomo[2]. Determinante per la realizzazione del progetto fu la volontà del Duca Gian Galeazzo Visconti che, attraverso la costruzione di questa imponente e magnifica cattedrale, voleva rappresentare il crescente peso politico del ducato milanese in Europa. Di stile gotico, il Duomo è interamente costruito in marmo[3]. I marmi che vennero usati per la costruzione e per i successivi restauri provenivano (e provengono tuttora) da cave[4] nei pressi del Lago Maggiore, e venivano portati a Milano attraverso i corsi d'acqua. Il Duomo è adornato da ben 3400 statue e 96 doccioni[5], e con la sua imponente struttura è uno degli edifici religiosi più grandi d'Europa. Nel 1774 fu posta sulla guglia[6] più alta del Duomo la Madonnina, una statua in rame dorato[7] che è diventata uno dei simboli della tradizione milanese.

Nel corso dei secoli la costruzione del Duomo vide susseguirsi numerosi architetti, artisti e scultori, tutti impegnati nella realizzazione di un'opera grandiosa che nemmeno ai giorni nostri può dirsi completata. Ancora oggi, la Veneranda Fabbrica del Duomo è attiva e si occupa principalmente dei lavori di restauro. La cattedrale del Duomo ha avuto una costruzione lenta e complessa.

GUIDO: Ecco, ora sai tutto sul Duomo di Milano! E sai anche perché si usa l'espressione «la fabbrica del Duomo» quando si vuole fare riferimento ad un lavoro interminabile!

Più tardi, in Piazza del Duomo, il centro di Milano.

GUIDO: Eccoci arrivati!

ADELINE: È davvero bellissimo!

GUIDO: Leggiamo il cartello... OK, la cattedrale è aperta fino alle ore 19, mentre l'ultima salita è alle 17.45. Se saliamo in ascensore il biglietto costa 5 euro, invece a piedi costa 3,50 euro. Se vogliamo visitare anche il museo il prezzo è di 7 euro. Però è un po' tardi, forse non abbiamo tempo per il museo.

ADELINE: Infatti. Per oggi saliamo in cima e basta, visiteremo il museo la prossima volta. Saliamo a piedi, un po' di esercizio fisico non guasta!

---

[1]subway [2]Venerable Factory of the Cathedral [3]marble [4]quarries [5]gargoyles [6]spire [7]gilded copper

■ Domande

A. Domande di comprensione

1. Guido e Adeline...
   a. studiano chimica all'università.
   b. per oggi hanno finito le lezioni.
   c. vogliono lavorare insieme ad un progetto.

2. Il progetto al quale lavora Adeline è...
   a. sul Duomo di Milano.
   b. sulla fabbrica del Duomo.
   c. per il corso di fisica.

3. Il Duomo di Milano...
   a. è un'imponente cattedrale di stile gotico.
   b. è costruito in marmo e ha più di 3600 statue.
   c. a e b sono entrambe vere.

4. Una caratteristica del Duomo di Milano è...
   a. che si può fare la doccia.
   b. che si vede il Lago Maggiore.
   c. la Madonnina situata sulla guglia più alta.

5. La Veneranda Fabbrica del Duomo oggi è...
   a. chiusa.
   b. attiva in opere di restauro.
   c. lenta e complessa.

6. Quanti euro spendono Guido e Adeline?
   a. 3,50
   b. 7
   c. 5

B. Domande personali

1. Hai mai visto una cattedrale famosa? Se sì, dove e quando? Se no, vorresti vederne una? Quale?

   _____

   _____

2. Ti piacerebbe vedere il Duomo di Milano? Perché?

   _____

   _____

3. Hai mai dovuto scrivere un progetto o studiare qualcosa di così lungo che sembrava interminabile? Se sì, racconta la tua esperienza. Se no, racconta di un progetto al quale hai lavorato recentemente.

   _____

   _____

   _____

4. Esiste un'espressione nella tua lingua per indicare un lavoro interminabile? Se sì, quale? A che cosa fa riferimento? Se no, inventa un'espressione e spiega la ragione della tua scelta.

   _____

   _____

   _____

SCRIVIAMO E COMUNICHIAMO!!

Per comunicare

Al museo del Louvres. Stefano e Giacomo sono andati a Parigi per una gita turistica. Vanno insieme a vedere la famosa *Gioconda* (chiamata anche la *Monna Lisa*) di Leonardo Da Vinci. Stefano studia storia dell'arte e gli piace moltissimo la *Gioconda*. A Giacomo, invece, l'arte non piace molto; preferisce la giurisprudenza. Scrivere un breve dialogo fra Stefano e Giacomo usando le espressioni dalla sezione *Per comunicare* del Capitolo 14 del testo.

STEFANO: Ah, che meraviglia! Finalmente la vedo!

GIACOMO: Ma come? Mi aspettavo qualcosa di diverso, che delusione!

STEFANO: _____

   _____

GIACOMO: _____

   _____

STEFANO: _____

_____

GIACOMO: _____

_____

STEFANO: _____

_____

GIACOMO: _____

_____

STEFANO: _____

_____

GIACOMO: _____

_____

STEFANO: _____

GIACOMO: _____

■ Ora scrivi tu!

Un monumento davvero particolare! In questo capitolo hai imparato nuove parole ed espressioni per parlare dei monumenti e degli edifici. Adesso scrivi un paragrafo di almeno 60 parole in cui descrivi un monumento italiano o americano (che hai visto di persona, o in televisione, o in fotografia) che ti ha particolarmente colpito.

_____

_____

_____

_____

_____

_____

_____

_____

_____

_____

_____

_____

Dove vai in ferie quest'anno?

PER COMINCIARE

A. Marco ha una vera passione per la sua Vespa! Infatti... Listen to each statement about Marco and his Vespa and supply the missing word(s). Each statement will be read twice.

CD1-2

1. Ogni giorno Marco pulisce il suo _____ e il suo _____.

2. Girare in Vespa è il suo _____ preferito.

3. A volte prende la sua Vespa e va fino al lago a _____.

4. Gli piace molto _____ nelle giornate di sole, stare _____ e chiacchierare con gli amici.

5. Il suo sogno è di _____ Vespe d'epoca.

B. Perché non risponde nessuno? Giovanna is on vacation at the beach in Liguria. She makes several calls to her friends and family, but no one answers! Read the following statements, then listen to her voicemail messages, and match each with the appropriate description.

CD1-3

a. Messaggio numero _____. Telefona ad una parente e dice che va a vedere una mostra d'arte.

b. Messaggio numero _____. Telefona ad un amico e spiega i programmi per la serata.

c. Messaggio numero _____. Telefona ad un amico e spiega i programmi per domani.

d. Messaggio numero _____. Telefona ad una parente e la invita per il week-end.

C. Che cosa succede? Listen to each of Giovanna's four voicemail messages again and answer the related questions.

CD1-4

ESEMPIO   You hear: Ciao Marco! Ecco i programmi di stasera: Ci troviamo in pizzeria alle 8 con alcuni amici...

You see: Dove si trovano gli amici stasera?

You write: Si trovano *in pizzeria.*

Messaggio 1

1. Cosa fanno Giovanna e gli amici dopo cena?

   Vanno _____

2. E se sono stanchi?

   Restano in albergo a _____

Messaggio 2

1. Cosa c'è vicino all'albergo di Giovanna?

   C'è un _____

2. Cosa possono fare Paola ed Enrico nel week-end?

   Possono fare _____

Messaggio 3

1. Dov'è Giovanna stamattina?

   È in _____

2. Dove va nel pomeriggio?

   Va a vedere _____

Messaggio 4

1. Con chi chiacchiera troppo Matteo?

   Chiacchiera troppo con _____

2. Cosa vogliono fare domani Giovanna e Luca?

   Vogliono affittare _____

STRUTTURA

Esprimere l'azione nel presente

■ I. *Indicativo presente*

Cosa fanno queste persone? Marina is describing the activities of her large and busy family. Listen to each of her statements, change them from singular to plural or the reverse, then repeat the correct response after the speaker.

CD1-5

> ESEMPI　You hear:　Io bevo una spremuta.
>
> 　　　　　You say:　*Noi beviamo una spremuta.*
>
> 　　　　　You hear:　Noi beviamo una spremuta.
>
> 　　　　　You say:　*Noi beviamo una spremuta.*
>
> 　　　　　You hear:　Voi parlate al telefono.
>
> 　　　　　You say:　*Tu parli al telefono.*
>
> 　　　　　You hear:　Tu parli al telefono.
>
> 　　　　　You say:　*Tu parli al telefono.*

1. ....　　2. ....　　3. ....　　4. ....　　5. ....

6. ....　　7. ....　　8. ....

Parlare di persone senza nominarle

■ II. *Pronomi personali soggetto*

Di chi parliamo? Listen carefully to each sentence, then write down the subject pronoun that corresponds to the verb form that you hear. Each sentence will be repeated twice.

CD1-6

ESEMPIO   You hear: È una bella ragazza.

                You write: *Lei*

1. _____
2. _____
3. _____

4. _____
5. _____
6. _____

Identificare oggetti e persone

■ III. *Nomi*

A. Maschile o femminile? You will hear a list of nouns. After each is read, change the gender of the word from masculine to feminine or the reverse. Each word will be read twice.

CD1-7

ESEMPI   You hear: cugino // cugino //

              You write: *cugina*

              You hear: sorelle // sorelle //

              You write: *fratelli*

1. _____
2. _____
3. _____

4. _____
5. _____
6. _____

B. Singolare o plurale? You will hear a list of nouns. After each is read, indicate whether the word is singular or plural.

CD1-8

ESEMPIO   You hear: libro

               You check: Singolare   Plurale

                           ✓

	Singolare	Plurale		Singolare	Plurale
1.	_____	_____	4.	_____	_____
2.	_____	_____	5.	_____	_____
3.	_____	_____	6.	_____	_____

PER COMUNICARE

A. Che cosa si risponde? Listen to the following exchanges between two people. Indicate in each case whether the second speaker's response is logical or illogical. Each exchange will be repeated twice.

CD1-9

ESEMPIO   You hear: — Ti va di mangiare una pizza?

                    — Le spiace se lascio un messaggio?

         You check: Logica   Non logica

                    _____   ✓

         Logica   **Non logica**

1. _____   _____

2. _____   _____

3. _____   _____

4. _____   _____

5. _____   _____

B. Ti va di uscire con me? Diego calls Elena and her sister Laura answers the phone. Listen to their conversation, which will be read the first time at normal speed, a second time more slowly so that you can write in Laura's responses, and a third time so that you can check your work.

CD1-10

DIEGO: Pronto? Ciao Laura, sono Diego. Posso parlare con Elena, per favore?

LAURA: _____

DIEGO: Oh, no! Laura, sai se Elena viene in discoteca stasera?

LAURA: _____

DIEGO: E tu, Laura, cosa fai stasera? Vuoi venire in discoteca con me?

LAURA: _____

DIEGO: Passo a prenderti alle 10. Va bene?

LAURA: _____

C. Cosa succede? What do you think Elena will do when she hears about this phone conversation? Write a brief response in Italian.

_____

_____

COMPRENSIONE

A. Cosa si fa di bello in vacanza? Kate, an American in Italy, is speaking with a group of Italian friends about how they plan to spend summer vacation. Listen to each friend's comments, and then answer the related questions. Each statement will be read twice.

A. Luca

   1. Cosa piace fare a Luca?
      a. riposare sulla spiaggia
      b. andare al mare
      c. fare alpinismo

   2. Gli amici di Luca...
      a. vanno in montagna con lui.
      b. comprano una barca a vela.
      c. amano riposare sulla spiaggia.

   3. La vacanza al mare è perfetta per Luca. Lui non è una persona attiva.
      a. Vero
      b. Falso

B. Giovanna

   1. Giovanna lavora molto...
      a. in vacanza.
      b. durante l'anno.
      c. in agosto.

   2. Giovanna...
      a. va in ferie in agosto.
      b. va nel centro Italia.
      c. dice che il mare in Puglia è brutto.

   3. Giovanna è felice di andare al mare; Luca no.
      a. Vero
      b. Falso

C. Aldo

   1. Aldo...
      a. va al mare.
      b. non va in vacanza.
      c. va nel centro Italia.

   2. Aldo probabilmente è...
      a. interessato ad andare in montagna.
      b. felice delle sue vacanze.
      c. intenzionato a vendere alcuni oggetti di antiquariato.

   3. Questa è la vacanza ideale per Aldo.
      a. Vero
      b. Falso

D. Paola

1. Con il motorino il gruppo di amici può...
   a. fare giri sulle Alpi.
   b. andare a sciare.
   c. fare giri in collina.

2. Forse Paola e gli amici vanno a sciare...
   a. sulle Alpi.
   b. in Toscana.
   c. in un agriturismo molto costoso.

3. Paola preferisce gli alberghi di lusso.
   a. Vero
   b. Falso

B. Cosa ne pensi tu? You have just heard four different plans for summer vacation. Which is most appealing to you? Would you accompany one of the speakers if you were invited to go along? Write 4–5 sentences explaining your reasoning in Italian.

_____

_____

_____

_____

_____

_____

Ti ricordi? Adesso e prima

PER COMINCIARE

CD1-12

A. Margherita e il tempo libero. Margherita has a busy life as a university student, but she still finds time to relax. She calls her older sister and they talk about what she likes to do in the evening. Listen to each of Margherita's statements and supply the missing word(s). You will hear each statement twice.

1. Ogni sera, il mio ragazzo mi manda un _____ sul _____.

2. Lui è un tipo _____ e non ama fare sport.

3. Io, invece, _____ il nuoto in _____ almeno due volte alla settimana.

4. Il nostro _____ preferito con gli amici è il bar dell'angolo.

5. Il barista è sempre molto _____ e _____.

CD1-13

B. All'asilo. Margherita is visiting her sister, who has introduced her to a friend, Michele. Michele is telling Margherita about his childhood. Read the following statements, then listen to his description. Mark each statement as **vero, falso,** or **non si sa.**

Vero	Falso	Non si sa	
_____	_____	_____	1. Michele abitava a Milano.
_____	_____	_____	2. Oggi è una persona molto tranquilla.
_____	_____	_____	3. All'asilo era un bravo bambino.
_____	_____	_____	4. All'asilo non mangiava e non dormiva.
_____	_____	_____	5. La sua maestra era contenta di lui.
_____	_____	_____	6. I genitori erano anziani.
_____	_____	_____	7. Faceva disperare molte persone.
_____	_____	_____	8. Michele è una persona molto modesta.

CD1-14

C. Qual è la risposta giusta? Now, listen a second time to Michele's description and check your answers. If a statement is false, correct it to make it true.

1. _____

2. _____

3. _____

4. _____

5. _____

6. _____

7. _____

8. _____

D. E tu, com'eri all'asilo? Were you like Michele when you were in kindergarten? Or were you quite different? Describe yourself at this age in two or three sentences in Italian.

_____

_____

_____

STRUTTURA

$\boxed{\textbf{Parlare di eventi passati}}$

■ I. *Imperfetto*

Le solite cose... Margherita and Michele are having a **gelato,** and she is telling him that she is tired of her daily routine. Listen to her statements about what she did today, and write what you hear. Then, rewrite the sentences using the **imperfetto** to describe how she used to do the same thing last year. You will hear the first sentence twice.

CD1-15

ESEMPI   You hear: Io leggo la posta.

You write: a. *Io leggo la posta.*

              b. *Io leggevo la posta.*

You hear: Io leggevo la posta.

1. a. _____

   b. _____

2. a. _____

   b. _____

3. a. _____

   b. _____

4. a. _____

   b. _____

5. a. _____

   b. _____

6. a. _____

   b. _____

7. a. _____

   b. _____

8. a. _____

   b. _____

9. a. _____

   b. _____

> **Identificare oggetti e persone**

■ II. *Aggettivi*

Come sono? Michele mentions several people and items in the course of his conversation with Margherita. Listen to the nouns he uses, and then indicate which adjectives could correctly describe them. More than one adjective may be correct.

CD1-16

ESEMPIO	You hear:	Due ragazze.
	You see:	intelligente alta belle
	You circle:	*belle*

1. bianche   siamesi   affettuosi
2. egoista   antipatico   fedeli
3. vecchia   dolce   fresche
4. brutta   contente   noiosa
5. dolce   ristretti   amari
6. divertente   giallo   interessante
7. San   Santo   Sant'
8. grande   gran   felice

■ III. *Articolo indeterminativo*

A. Innamorata! Margherita is telling Michele about a past relationship. Listen to her story and fill in the missing words. The paragraph will be read twice.

CD1-17

Al liceo conoscevo _____ ragazzo bellissimo. E poi era così buono! Era

proprio _____ _____ ragazzo. Era anche _____

bel ragazzo, e anche se non era _____ studente molto brillante per me era

_____ ragazzo eccezionale. Mi ero innamorata di lui. Non mi ero mai

innamorata di _____ fino a quel momento. _____ ragazzo era

come lui. E _____ altra ragazza poteva amarlo come lo amavo io. Pensavo tutto

il giorno a lui. Ogni giorno gli mandavo _____ lettera d'amore anonima, che

sigillavo con _____ adesivo a forma di cuore. _____ cosa mi

interessava più. Volevo solo lui. Però ero _____ ragazza timida e avevo paura a

parlargli. _____ mia amica mi diceva che ero matta, e _____

altra amica mi incoraggiava ad andare a presentarmi. Così _____ giorno,

mentre arrivava a scuola...

B. Che cos'è successo? What did Margherita say? Imagine her first conversation with the boy
she secretly admired. Write her first sentence, followed by the boy's reply.

_____

_____

_____

Contare

■ IV. *Numeri cardinali*

Quanto fa? Michele is doing his math homework while Margherita is speaking. Help him by
listening to the following equations and then supplying their solutions. Each will be read twice.

CD1-18

ESEMPIO   You hear: 4 + 20
           You write: Fa *ventiquattro*

1. Fa _____.
2. Fa _____.
3. Fa _____.
4. Fa _____.
5. Fa _____.
6. Fa _____.
7. Fa _____.
8. Fa _____.

Parlare del tempo

■ V. *Il tempo*

Che tempo faceva? Margherita is talking about the weather and what she did last year during
her vacations with her friend Giorgio. Listen to her statements and then mark which of the
CD1-19 weather expressions apply. More than one may be correct.

ESEMPIO   You hear: Quell'estate il cielo era sempre coperto e pioveva spesso, però
                        dovevo usare l'aria condizionata giorno e notte.
           You check: *Faceva caldo* and *Pioveva*

	C'era il sole.	Faceva caldo.	Nevicava.	Pioveva.	Faceva freddo.
1					
2					
3					
4					

PER COMUNICARE

Un po' di gelosia... Michele is realizing that Margherita's relationship with Giorgio was more than a friendship. Is he a little jealous? Listen to the dialogue and supply the missing words. You will hear the conversation twice.

CD1-20

MICHELE: Senti, _____, ma Giorgio era il tuo ragazzo? Eri ve-
            ramente molto innamorata di lui. _____?

MARGHERITA: _____, sì.

MICHELE: Era bello? Ti piaceva molto?

MARGHERITA: Eh sì.

MICHELE: _____?

MARGHERITA: L'anno scorso uscivamo insieme ogni sabato sera. Ma dopo pochi mesi

            _____ che lui era innamorato della mia migliore

            amica!

MICHELE: _____! È impossibile, _____!

MARGHERITA: Purtroppo è vero. Ero molto triste. Però dopo ha cambiato idea, e adesso
            siamo molto felici insieme.

MICHELE: _____ sei ancora con lui? È il tuo ragazzo?

MARGHERITA: Sì...

COMPRENSIONE

A. Ritratto di famiglia. Michele has left and Margherita's mother is showing her an old photograph of several relatives: Aunt Mela, Aunt Pera, Uncle Giusto, and cousin Franco. She speaks about each person in the photo. As you listen, write three adjectives that describe each person and one or two things that they used to do. You will hear each description twice.

CD1-21

1. La zia Mela

   Com'era _____

   _____

   Cosa faceva _____

   _____

2. La zia Pera

   Com'era _____

   _____

   Cosa faceva _____

   _____

3. Lo zio Giusto

   Com'era _____

   _____

   Cosa faceva _____

   _____

4. Il cugino Franco

   Com'era _____

   _____

   Cosa faceva _____

   _____

B. Un parente particolare. Which of Margherita's relatives would you especially have liked to know? Why? Write a brief reply in Italian.

_____

_____

_____

Mamma mia, che prezzi!

PER COMINCIARE

Capitolo 3

CD1-22

A. Congratulazioni! Laura is talking to her mother about a wedding gift for her neighbor, who is getting married soon. Read the following sentences carefully. For each sentence, you will hear two words or expressions. Choose the correct word or expression to complete the sentence and write it in the blank. Each will be read twice.

ESEMPIO   You see: Ho comprato un vestito _____.

You hear: firmato, acquisto

You write: *firmato*

1. La mia vicina si sposa e mi ha invitato al suo _____.

2. Questo week-end vado ai _____ per comprarle un regalo.

3. Penso di prendere un _____.

4. In questo periodo ci sono i _____.

5. Quindi spero di trovare qualcosa in _____.

CD1-23

B. Cos'hai comprato? After buying the gift, Laura has run into her friend Susanna, who had been shopping downtown. Listen to their conversation, which you will hear twice, and answer the questions below.

1. Laura
   a. Dove ha comprato?
      1. sulla bancarella   2. ai grandi magazzini   3. in pelletteria
   b. Come ha pagato?
      1. in contanti   2. con la carta di credito
   c. Cosa ha comprato?
      1. articoli di abbigliamento 2. cibo   3. 1 e 2 sono vere

2. Susanna
   a. Dove ha comprato?
      1. sulla bancarella   2. ai grandi magazzini   3. in pelletteria
   b. Come ha pagato?
      1. in contanti   2. con la carta di credito
   c. Cosa ha comprato?
      1. articoli di abbigliamento 2. cibo   3. 1 e 2 sono vere

C. Che ne pensi? Briefly answer the following in Italian.

Do you prefer to shop in department stores with a credit card, as Laura does? Why or why not?

_____

Do you usually wait for sales before shopping? Why or why not?

_____

STRUTTURA

(**Parlare di eventi del passato**)

■ **I.** *Passato prossimo*

CD1-24

D. Quanti regali! Enrico loves to shop and to talk! He is telling a co-worker all about last Saturday's Christmas shopping. Read the sentences below, then listen carefully to his story. Number the sentences below so that they follow the order of the story. Watch out, there are three sentences that have nothing to do with the story; do not number them! You will hear the sentences twice.

a. _____ Ha comprato un regalo per la bambina.

b. _____ È andato in centro.

c. _____ È tornato a casa in tassì.

d. _____ Ha comprato un servizio da tè per Elena.

e. _____ Ha incontrato alcuni amici.

f. _____ Ha preso la macchina.

g. _____ Ha comprato dei libri.

h. _____ Ha giocato con Elisa.

(**Identificare persone e cose**)

■ **II.** *Articolo determinativo*

CD1-25

A. Vorrei dei vestiti nuovi! Giorgio wants to impress a new friend and decides it is time to update his wardrobe! Listen to the nouns that he includes in discussions with friends, then repeat each noun, adding the correct indefinite article. You will then hear the correct answer.

ESEMPIO   You hear: negozio

              You say: *il negozio*

              You hear: il negozio

1. ....   4. ....   7. ....

2. ....   5. ....

3. ....   6. ....

B. Ho comprato i jeans... Listen to Giorgio's description of his shopping trip. Identify the prepositions he uses in each sentence, then write them in the blanks. Some are simple prepositions, others are combined with articles. Be sure to spell the latter correctly! You will hear each sentence twice.

CD1-26

> **ESEMPIO**   You hear: Sono entrato nel negozio all'angolo.
>
>   You write: *nel, all'*

1. _____   _____

2. _____   _____

3. _____   _____

4. _____

5. _____   _____

6. _____

7. _____

8. _____

III. *Bello e quello*

Che bel centro commerciale! Mary, an American who has just arrived in Italy, is thrilled with all that she sees in the shops downtown. Listen to her exclamations, then rewrite them, adding **CD1-27 quello** and changing the position of the adjective **bello,** as in the example below. Each will be read twice.

> **ESEMPI**   You hear: Vedi il commesso? Che bell'uomo!
>
>   You write: *Quell'uomo è bello!*
>
>   You hear: Che bei negozi!
>
>   You write: *Quei negozi sono belli!*

1. _____

2. _____

3. _____

4. _____

5. _____

6. _____

7. _____

8. _____

Fare domande

■ IV. *Interrogativi*

Una moglie sospettosa. Sara is constantly asking her husband questions. Listen to each of her questions, and then identify her husband's response from among the choices below. Write the number of her question in the blank next to his reply. You will hear each question twice.

a. _____ Perché c'era molto traffico.

b. _____ Una sorpresa per te!

c. _____ La mia segretaria.

d. _____ Sì, sono le otto e un quarto.

e. _____ In un negozio in centro.

f. _____ Intorno alle cinque e mezza.

g. _____ Non c'è male, grazie.

h. _____ Perché ti amo!

i. _____ Anche subito!

j. _____ Ero in riunione.

Espressioni di tempo e dire l'ora

■ V. *L'ora*

Un ragazzo troppo impegnato. Lorenzo is telling his mother about what he did yesterday, and how that compares to his usual Monday schedule. Write down the time when he did each thing.

ESEMPIO You hear: Faccio colazione alle 8.

Ieri, ho fatto colazione alle 8.15.

You see: Ieri, ho fatto colazione alle _____.

You write: *8.15*

1. Ieri, mi sono alzato alle _____.

2. Ieri, sono passato a prendere un'amica in macchina alle _____.

3. Ieri, sono arrivato a lezione alle _____.

4. Ieri, ho incontrato gli amici alle _____.

5. Ieri, sono arrivato a lezione alle _____.

6. Ieri, sono andato in palestra alle _____.

7. Ieri sera, sono arrivato a casa alle _____.

8. Ieri sera, ho studiato fino alle _____.

9. Ieri sera, sono andato a dormire alle _____.

■ VI. *Giorni, stagioni, mesi, anni*

Quando? Maria wants to tell about interesting things she has done, but she has a bad memory. Help her to remember the day, month, year, or season in which she did the following things, using the clues embedded in her sentences. You will hear each sentence twice.

CD1-30

ESEMPIO	You hear:	Oggi è domenica. Tre giorni fa abbiamo mangiato delle ottime lasagne.
	You hear and see:	Che giorno era?
	You write:	*Era giovedì.*

1. Che anno era?

_____

2. Ma che mese era?

_____

3. Che stagione era?

_____

4. Ma che giorno fanno il mercato nel mio quartiere?

_____

5. Che mese è?

_____

PER COMUNICARE

E adesso, cosa le regalo? Marco needs to get his girlfriend a gift for her birthday, but he has few ideas and little money! He decides to try a clothing store. Listen to his conversation with an irritable clerk and supply the missing words. You will hear the conversation twice.

CD1-31

COMMESSO: Buongiorno, _____?

MARCO: Buongiorno. Per piacere, _____ quella camicetta azzurra in vetrina?

COMMESSO: Certamente. Eccola.

MARCO: Bella, _____. La prendo.

_____?

COMMESSO: Questa costa 85 euro. Le faccio un pacchetto?

MARCO: Quanto? 85 euro? Oh no, è _____.

_____ qualcosa di simile ma meno costoso?

COMMESSO: Mi spiace, ma questo negozio vende solo abbigliamento di marca. È tutto costoso. Forse non è il negozio giusto per lei.

MARCO: _____?

COMMESSO: Mi spiace, ma non siamo in periodo di saldi. _____

in qualche altro modo?

MARCO: Non so, _____.

COMMESSO: Come vede c'è altra gente, non ho troppo tempo da perdere.

MARCO: _____! Lei è un commesso molto maleducato! Me ne vado

in un altro negozio. Lei ha appena perso molti soldi. Io, infatti, sono molto ricco!

COMPRENSIONE

A. Una pubblicità alla radio. Today is the first day of a big sale at the Sorgente department store chain. Listen to their radio commercial and then answer the questions below by choosing **vero, falso,** or **non si sa.**

CD1-32

> Oggi è il vostro giorno fortunato! Vi aspettiamo tutti ai grandi magazzini Sorgente!
> Ha inizio oggi, giovedì 21 settembre, la vendita straordinaria di vestiti firmati a prezzi assolutamente competitivi! Sconti fino al 50%. Da oggi, fino a domenica 24 settembre, grande svendita! I migliori saldi sugli articoli dei più prestigiosi stilisti. Per pagamenti in contanti, ulteriore sconto del 5%. Vi aspettiamo tutti in uno dei nostri numerosi negozi. Alla Sorgente, dove lo stile non costa quasi niente!

1. vero   falso   non si sa

2. vero   falso   non si sa

3. vero   falso   non si sa

4. vero   falso   non si sa

5. vero   falso   non si sa

6. vero   falso   non si sa

Listen again to the questions. Check your answers and correct any statements that are false.

1. _____

2. _____

3. _____

4. _____

5. _____

6. _____

B. Che ne pensi tu? Briefly answer the following questions in Italian.

Would you pay attention to this commercial? Why or why not?

_____

_____

Dove abiti?

PER COMINCIARE

CD 2-2

A. Cerco casa. Alberto is looking for an apartment. Listen to the words he uses when speaking with a realtor, and write them down. You will hear each word or expression twice.

1. _____
2. _____
3. _____
4. _____
5. _____
6. _____
7. _____
8. _____
9. _____
10. _____

CD 2-3

B. E tu, dove abiti? Four of Alberto's friends are telling him about their housing arrangements. Listen carefully to each statement, then select the word that describes its content most closely.

ESEMPIO   You hear: Nella mia nuova casa ho anche una camera dove posso lavorare
                        indisturbato.

            You see: a. la panchina
                        b. lo studio
                        c. il quartiere

            You circle: *b. lo studio*

1. a. il comune
   b. il monolocale
   c. il palazzo

2. a. lanciare
   b. prendere in prestito
   c. fare due chiacchiere

3. a. la commissione
   b. il parrucchiere
   c. la distesa

4. a. unifamiliare
   b. ricreativo
   c. urbano

STRUTTURA

(**Narrare al passato**)

■ **I. *Passato prossimo e imperfetto***

CD 2-4

Che belle vacanze! Enrico is telling his friends about how, as a child, he used to go to the beach each summer. Listen to each of his statements and choose the phrase that will complete the sentence correctly. You will then hear the correct answer.

> ESEMPIO   You hear: Andavamo al mare...
>
> You see: a. ogni anno
>   b. l'estate scorsa
>
> You circle: *a. ogni anno*
>
> You hear: Andavamo al mare ogni anno.

1. a. appena finiva la scuola
   b. appena è finita la scuola

2. a. ogni anno
   b. l'estate scorsa

3. a. cominciava male
   b. è cominciata male

4. a. la macchina si è rotta
   b. la macchina si rompeva

5. a. la riparava in tre giorni
   b. l'ha riparata in tre giorni

6. a. di solito
   b. tre volte

7. a. ha dato l'appartamento a qualcun altro
   b. dava l'appartamento a qualcun altro

8. a. siamo andati in campeggio
   b. andavamo in campeggio

9. a. una volta
   b. spesso

10. a. ero triste
    b. sono stato triste

11. a. siamo andati a vedere le balene
    b. eravamo andati a vedere le balene

12. a. ero felice
    b. sono stato felice

Parlare di cose o persone senza nominarle

■ II. *Pronomi personali (oggetto diretto)*

CD 2-5 **Quante domande al primo incontro!** Francesca has recently met Riccardo and wants to know all about him. Listen to her questions, then complete Riccardo's replies by writing the correct direct-object pronoun in the blank. You will hear each question twice.

ESEMPIO   You hear: Mangi la pizza?

           You see: Sì, _____ mangio.

           You write: *la*

1. Sì, _____ guardo.

2. Sì, _____ vedo spesso.

3. No, non _____ incontriamo ogni giorno.

4. Sì, _____ ascolto.

5. Sì, mi piace far_____.

6. No, non _____ so.

7. Oh, ecco_____!

8. Sì, _____ chiamo giovedì.

9. Sì, ma non _____ vedo mai.

■ III. *L'accordo del participio passato*

CD 2-6 **L'interrogatorio!** Riccardo is telling his brother about his date with Francesca. His brother is distracted, so Riccardo often has to repeat what he has said. Listen to each of his statements, then use a direct-object pronoun to make a second sentence, using the correct ending for the past participle.

ESEMPIO   You hear: Hai mangiato la pizza?

           You see: _____ hai mangiat_____?

           You write: *L'* hai mangiat *a* ?

1. Ieri, _____ ho vist_____.

2. _____ ho invitat_____ al bar.

3. Lei _____ ha pres_____.

4. Io _____ ho mangiat_____.

5. Lei _____ ha vist_____.

6. _____ hai mai conosciut_____?

7. Me _____ ha fatt_____!

Negare e contraddire

■ IV. *Negativi*

Ma che bastian contrario! No matter what people say, Sebastiano has to say the opposite. Complete his sentences with the correct negative forms. You will hear each sentence twice.

CD 2-7

ESEMPIO   You hear: Vedo tutti.

              You see: Non vedo _____ .

              You write: *nessuno*

1. Non è vero. Non sono _____ in montagna.
2. Non è vero. Non c'è _____ da mangiare.
3. Non è vero. Non mi telefoni _____ .
4. Non è vero. Non abbiamo _____ mangiato.
5. Non è vero. Non abbiamo visto _____ .
6. Non è vero. Non parla bene _____ l'italiano _____ il francese.

Indicare proprietà

■ V. *Aggettivi e pronomi possessivi*

A. Un bimbo curioso! Martino is a curious child. Listen to his questions and his mother's answers. Then amplify her answers, using the correct possessive adjectives.

CD 2-8

ESEMPIO   You hear: Di chi è quella bicicletta?

                          È la bicicletta di Lucia.

              You see: È _____ bicicletta.

              You write: *la sua*

1. È _____ bambola.
2. È _____ fratello.
3. Sono _____ giocattoli.
4. È _____ pallone.
5. Sono _____ occhiali.
6. È _____ zia.
7. Sei _____ bambino!

B. Che confusione dopo la festa! The party at Cristina's house is over, but everyone seems to have forgotten something! Cristina's husband Marco thinks the items all belong to their own children, but she corrects him. Listen to his questions, then complete her answers with the correct possessive pronoun and definite article. You will hear each question twice.

CD 2-9

ESEMPIO   You hear: Di chi è questo cappello?

You see: È di Luca. È _____!

You write: *il suo*

1. È di Luca. È _____!

2. Sono di Davide. Sono _____!

3. Sono di Matteo. Sono _____!

4. È di Pina. È _____!

5. È mia. È _____!

6. Sono tue e di tuo fratello. Sono _____!

7. Uno è mio e uno è di Maria. Sono _____!

8. Ma è tuo! È _____!

PER COMUNICARE

A. Che cosa si risponde? Listen to the following exchanges between two people. Indicate in each case whether the second speaker's response is logical or illogical. Each exchange will be repeated twice.

CD 2-10

ESEMPIO   You hear: — Ho trovato un nuovo posto di lavoro.
                        — Felice anniversario!

You check: *Non logica*

Logica   Non logica

1. _____   _____

2. _____   _____

3. _____   _____

4. _____   _____

5. _____   _____

B. Che cosa diresti tu? Listen again to the statements. Now, write the reply you would have given instead of each illogical response.

CD 2-11

1. _____

2. _____

3. ———————————————————————————————————————
4. ———————————————————————————————————————
5. ———————————————————————————————————————

COMPRENSIONE

A. In cerca di una casa. Paola would like to buy a house. She sees two ads in the paper and she calls the realtor to ask for additional information. Complete the chart with the information you hear in the conversation. You will hear the conversation twice.

CD 2-12

	Annuncio 1	Annuncio 2
A che piano è?		
Dove si trova?		
Camere da letto?		
Salone?		
Cucina?		
Bagni?		
Ripostiglio?		
Garage?		
Cantina?		
È libero?		
In che condizione è?		
Metri quadrati?		
Prezzo?		

B. Che ne pensi tu? Which house would you choose? Why? Reply briefly in Italian.

——
——

Chi conta le calorie?

PER COMINCIARE

A. Una dieta non riuscita! Elena, who is on a diet, is talking about her dinner out with Lorenzo.
Listen to her description of what she and Lorenzo ordered and ate, then fill in the words you
hear to complete her statements. You will hear each statement twice.

CD 2-13

1. Ieri io e Lorenzo siamo usciti a _____.

2. Come sai, io sono a _____, e così ho ordinato solo cose _____ e
leggere.

3. Lui, invece, mangia sempre come un _____! Così ha ordinato una cena
abbondante e _____.

4. Come _____, lui ha ordinato un piatto di salame d'_____, che
come sai è molto grasso. Io, invece, un'_____.

5. Quando ho visto il salame, ho chiesto a Lorenzo se potevo _____. Alla fine,
ho mangiato metà della sua _____.

6. Come primo piatto, volevo stare _____. Così ho ordinato una minestrina di
_____. Lui, invece, ha preso i tortellini alla _____.

7. La _____ era buona, ma non era abbastanza. Così ho mangiato parte dei
_____ di Lorenzo.

8. Per secondo, ho chiesto solo della verdura di _____ cotta. Lui, invece, ha
ordinato del _____ al _____ bianco con contorno di
_____ arrosto.

9. Naturalmente, ho dovuto _____ il vitello. Ma non le _____. Sono a
dieta.

10. Siccome avevo ordinato cose leggere per tutta la cena, per dolce mi sono concessa un
ottimo _____.

11. Vedi, non è difficile stare a dieta. Basta _____ un po' e non cedere
alle _____...

B. Cos'ha mangiato? Listen again to Elena's description of her meal. What did she actually eat?

CD 2-14

1. Antipasto _____

2. Primo _____

3. Secondo _____

4. Dolce _____

Capitolo **5**

STRUTTURA

Indicare a chi è diretta un'azione

■ I. *Pronomi personali (oggetto indiretto)*

Mangia anche il dolce? Three of Elena's friends are at an adjoining table and are commenting on her dinner. Transform their statements by using indirect-object pronouns, making any necessary changes. You will hear each statement twice.

CD 2-15

> ESEMPIO   You hear: Lorenzo offre la cena a Elena.
>
> You see: Lorenzo _____ offre la cena.
>
> You write: *le*

1. Elena _____ chiede un'insalata.

2. La cameriera porta _____ la cena.

3. Elena _____ chiede di poter assaggiare il salame.

4. I tortellini con la panna _____ fanno male.

5. Se sei a dieta, non _____ fa certo bene mangiare come Elena!

6. È difficile stare a dieta. Se volete farlo, _____ consiglio di telefonare ad un dietologo.

7. Quando io ero a dieta, _____ ha dato dei consigli molto validi.

8. È importante per la nostra salute nutrirsi correttamente, anche a costo di sacrifici. Dobbiamo imparare a voler _____ bene.

Esprimere ciò che piace o non piace

■ II. Piacere *e verbi come* piacere

Cosa piace agli altri? During her meal, Elena comments continually on the dishes other people have ordered and on other people's tastes. Complete her commentary using the verb **piacere.**

CD 2-16

> ESEMPI   You hear: Ordino la pasta.
>
> You see: _____ la pasta.
>
> You write: *Mi piace*
>
> You hear: La signora beve il vino.
>
> You see: _____ il vino.
>
> You write: *Le piace.*

1. _____ i tortellini alla panna.

2. _____ la frutta fresca.

3. La selvaggina _____.

4. _____ la torta al cioccolato.

5. La birra _____.

6. _____ l'olio.

7. _____ il tiramisù.

8. _____ la pizza?

Parlare di azioni che si riferiscono al soggetto.

■ III. *Verbi riflessivi*

E gli altri, cosa fanno? Lorenzo is thinking about many different things during the meal. You will hear a verb infinitive for each statement twice. Complete Lorenzo's thoughts by writing out the correct form of the verb you hear. Both present and **passato prossimo** forms are included.

CD 2-17

ESEMPIO   You see: Io e Elena _____.

You hear: piacersi

You write: *Io e Elena ci piacciamo.*

1. Sono a cena con Elena. _____ la settimana scorsa.

2. Nessun cameriere _____ di noi!

3. Una signora va in bagno e _____ le mani.

4. Dei ragazzi festeggiano. Ieri _____.

5. Un bambino è stanco e _____ alla mamma.

6. Una coppia ha finito di mangiare e _____.

7. Al ristorante tutti _____.

8. Elena, però, dice che non ha mangiato abbastanza e adesso _____.

Modificare il significato di un nome o aggettivo

■ IV. *Suffissi speciali*

Che criticona! Elena is criticizing everyone she sees in the restaurant, and she is using many **suffissi speciali** in her comments. After you hear her statements, select the option, on page 166, that most closely reflects the meaning of each word and suffix combination.

CD 2-18

ESEMPIO   You hear: Che manine ha quella cameriera!

You see: a. mani piccole   b. mani grosse

You circle: *a. mani piccole*

1. a. un po' noiosi   b. molto noiosi
2. a. parole brutte   b. parole gentili
3. a. un grande mostro   b. un brutto piccolo mostro
4. a. un dolce buono   b. un dolce cattivo
5. a. una bocca grande   b. una bocca piccola
6. a. una ragazza piccola   b. una ragazza grossa
7. a. un naso piccolo   b. un naso grosso
8. a. un bicchiere brutto   b. un bicchiere piccolo

Parlare di cose o oggetti in modo indefinito

■ V. *Aggettivi e pronomi indefiniti*

Dieta o non dieta? Lorenzo is speaking about Elena and her diet. You will hear a choice of two words. Choose the correct term and write it in the blank. You will then hear the correct CD 2-19 sentence.

ESEMPIO   You hear: del, qualche

You see: Beve _____ vino?

You write: *del*

You hear: *Beve del vino?*

1. Io mangio poco. Elena invece mangia _____!

2. _____ cosa io ordini, Elena la assaggia.

3. E poi ha il coraggio di dire che non ha mangiato quasi _____!

4. _____ deve dirle di andare dal dietologo!

5. Deve fare _____ per la sua salute.

6. La sua salute mi preoccupa _____.

7. Ho provato _____ volte a dirle di stare attenta a quello che mangia.

8. Ma forse non le dico più _____. Ho notato che quando è a dieta mangia di più di quando non lo è!

■ VI. *Il partitivo*

Un pomeriggio in pasticceria. Lorenzo has called Elena and she is telling him about her plans. Listen carefully to their conversation, then transform each statement by writing in the correct **partitivo.** More than one answer may be possible.

CD 2-20

ESEMPIO   You hear: Vorrei bere acqua.

You see: Vorrei bere _____ acqua.

You write: *dell'*

1. Oggi pomeriggio vado con _____ amiche in pasticceria.

2. Vogliamo bere _____ caffè.

3. E mangiare _____ torta.

4. _____ volta andiamo in pasticceria e ci fermiamo a chiacchierare per ore.

5. Forse vengono anche _____ altri nostri amici. Perché non vieni con noi?

PER COMUNICARE

A. Che cosa si risponde? Listen to the following exchanges between two people in a restaurant. Indicate in each case whether the second speaker's response is logical or illogical. Each exchange will be repeated twice.

CD 2-21

ESEMPIO   You hear: — Mi passi il sale, per piacere?
                       — Perché no? Lo bevo volentieri!

You check: *Non logica*

   Logica   **Non logica**

1. _____   _____

2. _____   _____

3. _____   _____

4. _____   _____

5. _____   _____

B. Che cosa diresti tu? Listen again to the statements. Now, write the reply you would have given for each illogical response.

CD 2-22

1. _____

2. _____

3. _____

4. _____

5. _____

COMPRENSIONE

CD 2-23 **Ho capito tutto!** Elena has an appointment with Dr. Biscotti, her dietician. Listen to the advice he gives her, and then to the phone call she makes afterwards to Lorenzo. What does Dr. Biscotti recommend for each of the following? And what does Elena plan to do? Complete the chart. You will hear the conversation twice.

	esercizio fisico	mangiare	bere	porzioni
Dottor Biscotti				
Elena				

Che pensi tu? Are your eating and exercise habits similar to or different from those of Elena? How? Write a brief reply in Italian.

_____

_____

Che lingua parli? Come comunichi?

6

Capitolo

A. Come si dice... ? There are often many ways to say the same thing. For each word or expression that you hear, choose the closest equivalent from the list below and write it in the blank.

CD 2-24

cercare di	voler dire	successivo
sviluppo	lento	straniero
accadere	conversare	

1. _____
2. _____
3. _____
4. _____
5. _____
6. _____
7. _____
8. _____

B. Consigli per chi viaggia. Roberto's unfinished comments about points to keep in mind while traveling are listed below. Listen to his words and expressions, which you will hear twice, and write the one that best completes each statement.

CD 2-25

ESEMPIO　　You see:　È brutto avere _____.
　　　　　　　You hear:　pregiudizi, amicizie
　　　　　　　You write:　*pregiudizi*

1. Quando si va in un paese _____, è bene sapere come comportarsi.

2. È importante conoscere _____.

3. _____, è bene documentarsi prima.

4. Bisogna anche essere capaci di _____.

5. Anche se non si parla bene la lingua, non è difficile _____.

6. In Italia è facile fare _____. Sono tutti molto simpatici!

E tu? Do you agree with any of Roberto's statements? Which one(s)? Why? Reply briefly in Italian.

_____

_____

STRUTTURA

> **Parlare di eventi passati**

■ I. *Passato remoto*

L'invenzione della radio. Marco is telling his friend Luigi about Marconi, the inventor of the radio, and how he became interested in Marconi's work. To complete each of his statements, you will hear a choice of two verbs in the **passato remoto.** Write the correct verb in the blank. You will then hear the correct statement in full.

> ESEMPIO You see: Marconi _____ la radio.
>
> You hear: inventò, inventai
>
> You write: *inventò*
>
> You hear: Marconi inventò la radio.

1. Quando avevo 7 anni, _____ con la scuola al Museo della Scienza della mia città.

2. In quell'occasione, io e i miei compagni _____ molte cose su Guglielmo Marconi, l'inventore della radio.

3. Tu, quando _____ che la radio era stata inventata da un Italiano?

4. Guglielmo Marconi _____ a Bologna nel 1874.

5. Ben presto _____ ai fenomeni naturali e agli esperimenti scientifici.

6. Nel 1885, lui ed un amico _____ il primo famoso esperimento di telegrafia senza fili.

7. L'esperimento _____!

8. Nel 1901, _____ il suo desiderio più grande: comunicare senza fili oltre Atlantico.

9. Le sperimentazioni di Marconi _____ per molti anni.

10. E nel 1909, _____ il premio Nobel per la fisica.

> **Parlare di azioni completate prima di altre azioni**

■ II. *Trapassato prossimo e trapassato remoto*

Cos'è successo prima? Tobias, an American high school student, is talking about how he first learned to speak Italian. Listen carefully to his statements. Then indicate which of the two actions in each sentence took place first, and which took place afterward. You will hear each statement twice.

ESEMPIO   You hear: Quando l'aereo atterrò in Italia, mi ero già svegliato.

You see: _____ atterrare   _____ svegliarsi

You write: _2_ atterrare   _1_ svegliarsi

1. _____ andare in Italia   _____ imparare l'italiano

2. _____ finire l'università   _____ emigrare negli USA

3. _____ venire negli USA   _____ conoscere un ragazzo

4. _____ vivere negli USA   _____ nascere

5. _____ cominciare a parlare   _____ parlare in italiano

6. _____ avere 10 anni   _____ essere stato in Italia

Parlare di cose già menzionate

■ III– IV. Ci o ne?

In partenza! Mike is telling his brother about his trip to Italy on a cell phone with a poor connection and often has to repeat himself. Listen to his conversation, then use **ci** or **ne** to complete his statements as he repeats what he has said.
CD 2-28

ESEMPIO   You hear: Ho comprato i biglietti.

You see: _____ ho comprati tre.

You write: *Ne*

1. _____ vado.

2. _____ sono riuscito.

3. _____ ho voglia!

4. Non _____ sono mai stato.

5. _____ ho sentito parlare molto bene.

6. Voglio visitar_____ molte.

7. Voglio andar_____.

8. Voglio conoscer_____ molte!

Parlare di persone o cose senza nominarle

■ V. *Pronomi personali (forme combinate)*

Teniamoci in contatto! Mike has met a wonderful girlfriend during his trip to Italy, but he has to return home tomorrow. He is telling his friends about his last date, repeating each of his statements for emphasis. Complete his sentences, on the next page, as he repeats himself, using the correct double object pronouns.
CD 2-29

ESEMPIO   You hear: Do i fiori a Marta.
            You see: _____ do.
            You write: *Glieli*

1. _____ do.

2. Voglio dir ____, ma non ho il coraggio.

3. Il cameriere _____ porta.

4. Marta _____ parla.

5. Lei improvvisamente _____ dice.

6. _____ do.

7. E _____ chiedo.

8. E _____ promettiamo.

9. E _____ diamo tanti.

10. E poi mi sveglio. Io _____ dicevo...

PER COMUNICARE

A. Che cosa si risponde? Listen to the following exchanges between two people arguing on an elevator. Indicate in each case whether the second speaker's response is logical or illogical. Each exchange will be repeated twice.

CD 2-30

ESEMPIO   You hear: — Scusi, posso aggiungere una cosa?
                        — No, non è così. Ti sbagli.
            You check: *Non logica*

	Logica	**Non logica**
1.	____	____
2.	____	____
3.	____	____
4.	____	____

B. Che cosa diresti tu? Listen again to the statements. Now, write the reply you would have given for each illogical response.

CD 2-31

1. _____

2. _____

3. _____

4. _____

COMPRENSIONE

A. Viaggio nel tempo! Marco visits a museum devoted to Italians famous for their accomplishments. He pushes a button next to each statue and hears it "speak" about its illustrious past. As you hear the statements, answer the questions below. You will hear each statement twice.

1. a. Dove nacque? _____

   b. Quando nacque? _____

   c. Come fu chiamata la terra che scoprì? _____

   d. Come si chiama lui? _____

2. a. Quando nacque? _____

   b. Quando cominciò a cantare? _____

   c. Come si chiama di cognome? _____

3. a. Dove nacque? _____

   b. Quando nacque? _____

   c. Dove andò a vivere? _____

   d. Per cosa vinse il Nobel? _____

4. a. Dove nacque? _____

   b. Quando nacque? _____

   c. Cosa fece nella vita? _____

   d. Un altro nome della Gioconda? _____

   e. Come si chiama lui? _____

B. E tu? Which of the people above do you already know something about? How did you learn about them? Write a brief reply in Italian.

_____

_____

Che lavoro farai?

7 Capitolo

A. Presto cercherò lavoro. Giovanna, a university student, is taking the train to school. She is telling another passenger about her plans to look for work. Listen to her statements, then fill in the blanks to complete them with the words you hear. You will hear each statement twice.

CD 3-2

1. _____, sono ancora studentessa, ma presto mi laureerò e cercherò un _____.

2. Mi piacerebbe lavorare nel settore della _____.

3. Sto già preparando numerose _____.

4. E sto anche facendo una lista delle _____ alle quali vorrei mandarle.

5. Spero di trovare un lavoro _____ con un buono _____.

B. Una settimana in fiera. Stefano has seen a job announcement in the paper and has called the number listed for additional information. Listen to the message he hears, then supply the information about the job requested below. You will hear the message twice.

CD 3-3

1. Che tipo di lavoro è?

   _____

2. Dov'è la fiera?

   _____

3. Quando è la fiera? Per quanti giorni è il lavoro?

   _____

4. Qual è lo stipendio offerto?

   _____

5. Qual è l'orario?

   _____

STRUTTURA

Presentare azioni future

■ I. *Futuro*

CD 3-4

A. Cosa farai da grande? Several children in kindergarten are speaking about what they would like to do when they grow up. Express each of their statements by using the future tense following the model. Write the new verb in the blank.

ESEMPIO You hear: Lui vuole costruire ponti.

You see: Lui _____ ponti.

You write: *costruirà*

1. Io _____ il pompiere.

2. Mia sorella _____ professoressa di musica.

3. Io e mio fratello _____ un negozio di giocattoli.

4. I miei cugini _____ prestigiatori.

5. Io _____ viaggi interspaziali.

6. Il mio migliore amico _____ gli insetti.

7. Io _____ a cavallo.

8. E tu, Sandro, _____ presidente!

9. E voi, cosa _____?

CD 3-5

B. Leonardo, l'inventore! Listen as Leonardo, an elementary school pupil, talks about what he plans to do when he grows up, then mark each statement as **vero, falso,** or **non si sa.** You will hear the statements twice.

Vero	Falso	Non si sa	
_____	_____	_____	1. Leonardo ha pensato tanto al suo passato.
_____	_____	_____	2. La scuola di Leonardo è dietro al parco.
_____	_____	_____	3. Leonardo andrà a scuola in bicicletta.
_____	_____	_____	4. La maestra farà i compiti con una macchina.
_____	_____	_____	5. Secondo Leonardo, a 10 anni sarà già famoso.
_____	_____	_____	6. A Leonardo piace la verdura, ma non il cioccolato.

> ## Parlare di eventi realizzabili in determinate condizioni

■ II. *Condizionale*

CD 3-6

A. Quale lavoro faresti? Several parents are talking about what they do now, and what they would like to do if anything were possible. Complete their statements by writing in the correct conditional form of each verb you hear.

ESEMPIO You hear: Io faccio il professore.

You see: _____ il preside.

You write: *Farei*

You hear: Farei il preside.

1. _____ il direttore.

2. _____ dottori.

3. _____ una Ferrari.

4. _____ aeroplani.

5. _____ al Grand Hotel.

6. _____ a spasso ogni giorno.

CD 3-7

B. E tu, cosa faresti? What would you do if anything were possible? You will hear several questions twice. Answer them using the conditional tense.

ESEMPIO You hear: Mangeresti al ristorante ogni giorno?

You write: *Sì, mangerei al ristorante ogni giorno.*

OR *No, non mangerei al ristorante ogni giorno.*

1. _____

2. _____

3. _____

4. _____

■ III. Dovere, potere *e* volere

CD 3-8

A chi diamo il progetto? You are a manager, and you must decide who should work on an important project. A colleague is telling you about three employees: Paola, Mariarosa, and Diego. Listen to what she says about them, then determine who can work on the project, who wants to work on it, and finally, who must work on it. Indicate the answers in the chart on the next page. You will hear the statements twice.

	Vuole	Può	Deve
Paola			
Mariarosa			
Diego			

PER COMUNICARE

CD 3-9

Pierino, il postino pasticcione! Several of the letters that Pierino, a mailman, must deliver have come apart. He needs to determine which letters belong in which envelopes without reading through the content. Help him to do this by listening to the opening and closing lines of the letters. The names on the envelopes are listed below.

Famiglia Capuleti
Papa Benedetto XVI
Gentile Signora Cima
Romeo Montecchi
Perotto & Co.

ESEMPIO   You hear: Carissimi... // Un abbraccio a tutti...
You write: *Famiglia Capuleti*

1. _____
2. _____
3. _____
4. _____

COMPRENSIONE

A. Quante esperienze! Joseph, a Canadian student, is in Italy for the summer, trying to improve his Italian skills. He would like to be able to buy more souvenirs, so he has decided to look for a part-time job. However, he has no work experience! His friend Roberto is helping him to draft a resumé. Listen to their conversation, then use the information you hear to complete Joseph's resumé below. You will hear the conversation twice.

CD 3-10

Nome	*Joseph Green*
Età	*22*
Titolo di studio	*Laurea in Musica*
Esperienze di lavoro	1. _____
	2. _____
	3. _____
	4. _____
Note personali	_____
	_____
	_____
Altre note	_____
	_____

B. Secondo te... In your opinion, will Joseph find a job? Why or why not? Respond briefly in Italian.

_____

_____

Abitare in famiglia o no?

8

PER COMINCIARE

CD 3-11

A. Quanti parenti! Alessandro is asking Laura about the people in a photo that she is showing him. You will hear brief exchanges, each repeated twice, identifying each person. Fill in the blanks to complete Alessandro's summary of the information he hears.

ESEMPIO   You hear: Chi è questa signora?

                         È la sorella di mia madre.

             You see: Ho capito. È tua _____.

            You write: *zia*

1. Ah, allora è la tua _____.

2. Allora sei _____.

3. Sono _____.

4. Ho capito, lei è _____.

5. Allora è tuo _____.

CD 3-12

B. Forse torno indietro! Alice is 25 years old. She has recently left her parents' home to live on her own and she is telling a friend about the experience. Listen to her story, which will be repeated twice, and then mark the statements below as **vero, falso,** or **non si sa.**

Vero	Falso	Non si sa	
____	____	____	1. Alice ha una sorella più grande.
____	____	____	2. Alice voleva essere indipendente.
____	____	____	3. Alice è andata a vivere con due conti.
____	____	____	4. Alice fa la segretaria.
____	____	____	5. Alice comincia a pensare che forse era meglio prima...

STRUTTURA

(**Esprimere incertezza o soggettività**)

■ **I.** *Congiuntivo presente e passato*

CD 3-13

Vado a vivere da solo! Stefania is speaking with her friend Davide about her brother, who wants to live on his own. Listen to Davide's questions, and then complete Stefania's replies, on the next page, using the correct **congiuntivo presente** or **passato** form. You will then hear the correct response.

ESEMPIO   You hear: È vero che tuo fratello va a vivere da solo?

          You see: Sì, pare che lui _____ a vivere da solo.

       You write: *vada*

       You hear: Sì, pare che lui vada a vivere da solo.

1. Sì, penso che l'_____ già trovata.

2. Sì, ho paura che _____ molto.

3. Credo che si _____ in periferia.

4. Dubito che _____ contenti.

5. Sì, preferiscono che _____ sempre insieme.

6. Sono sorpresa che tu lo _____.

7. Sì, spero che voi _____ moglie! Con queste idee, chi vi sposa?

> ## Esprimere emozioni, desideri e speranze. Esortare.

■ II. *Uso del congiuntivo*

CD 3-14

A. Alla festa di Susi. Susi is having a housewarming party to celebrate moving into her first apartment. The guests are commenting on the home and their hostess. Listen to each statement, then indicate which of the word pairs shown best describes it.

ESEMPI   You hear: Sono sicuro di conoscere quella persona.

      You check: *certezza, fatto*

      You hear: Penso che debba arrivare altra gente.

      You check: *opinione, emozione*

	certezza o fatto	opinione o emozione	dubbio o incertezza	desiderio o comando
1				
2				
3				
4				
5				
6				
7				
8				

B. Il tuo ragazzo non mi convince. Angela has brought her new boyfriend home for dinner with her parents, but things have not gone very well. Dinner has ended, her boyfriend has left, and Angela's father is speaking with her. After you hear his statements, complete Angela's replies by conjugating the verb given using the **congiuntivo** or **indicativo** as appropriate. You will hear the verb twice.

CD 3-15

ESEMPIO   You hear: Non mi piace quel ragazzo.
                You see: Penso che tu _____ conoscerlo meglio.
                You hear: dovere
                You write: *debba*

1. Tutti sanno che questa _____ la moda.

2. È probabile che a mezzogiorno non _____ mangiato. Aveva fame.

3. Invece parla molto, a condizione che tu gliene _____ la possibilità.

4. Credo che tu e la mamma _____ troppo!

5. Hai ragione, mi dispiace. Riconosco che non _____ fatto una buona impressione.

6. Sì, anche a me. Pensi che _____ invitarlo ancora a cena?

Usare espressioni indefinite

■ III. *Altri usi del congiuntivo*

Che bella famiglia! Everyone is fond of the Felice family. Read one neighbor's remarks below, then listen to a choice of two words or expressions for each number. Write the correct words in the blanks in order to complete the paragraph. You will hear each choice twice.

CD 3-16

Conosci la famiglia Felice? Secondo me, è la famiglia (1)_____ che ci

sia. (2)_____ vada, la gente l'ammira. (3)_____ cosa

facciano, a loro riesce sempre bene. Non conosco (4)_____ che non abbia

fiducia in loro. Quando decidono di fare qualcosa, (5)_____ che li possa

fermare. (6)_____ quale sia il loro segreto.

PER COMUNICARE

A. Che cosa si risponde? Listen to the following exchanges between Giuliana and her boyfriend, who is helping her to make dinner. Indicate in each case, on page 182, whether Giuliana's response is logical or illogical.

CD 3-17

ESEMPIO   You hear: — È vero che tuo fratello si sposa?
                          — Ho paura di non passare l'esame.
                You check: *Non logica*

	Logica	Non logica
1.	_____	_____
2.	_____	_____
3.	_____	_____
4.	_____	_____
5.	_____	_____

B. Che cosa diresti tu? Listen again to the exchanges between Giuliana and her boyfriend. Then, write the reply you would have given for each illogical response.

CD 3-18

1. _____

2. _____

3. _____

4. _____

5. _____

COMPRENSIONE

La famiglia Peculiare. The Peculiare family is rather unusual. Their neighbor is telling a new resident about them. Listen to her statements, which you will hear twice, then answer the questions below.

CD 3-19

1. Secondo l'autore, la famiglia Peculiare...
   a. non crede di essere al mondo.
   b. è un po' particolare.
   c. pare che non sia contenta.

2. Chi abita con i signori Peculiare?
   a. i figli e i nonni
   b. il nonno e la zia
   c. soltanto la nonna, con molti animali

3. Quali animali hanno?
   a. un gallo e due pesci
   b. un cane e un gatto
   c. un albero e due pesci

4. Una delle attività preferite della famiglia è...
   a. nuotare nell'acquario.
   b. guardare la televisione.
   c. ascoltare la televisione.

5. In Italian, list three unusual things that the Peculiare family does.

   a. _____

   b. _____

   c. _____

Ma come, non hai la macchina?

PER COMINCIARE

CD 3-20

A. Andiamo in macchina! You will hear a series of definitions of terms related to cars and automobile travel. After each definition, write the corresponding word or expression from the list below. Be careful, there is an extra entry in the list!

rallentare   portiera
motore   carrozzeria
salire in macchina   ruote
sedile posteriore

1. _____
2. _____
3. _____
4. _____
5. _____
6. _____

CD 3-21

B. Signora, si calmi... A woman is speaking to a boy who has thrown a hamburger wrapper on the ground. You will hear their conversation twice. Mark the statements below as **vero, falso,** or **non si sa.**

Vero	Falso	Non si sa	
____	____	____	1. Il ragazzo che butta la carta per terra è alto.
____	____	____	2. La signora è una persona molto tranquilla.
____	____	____	3. La signora è un'ambientalista.
____	____	____	4. Il ragazzo lascia il pezzo di carta per terra.
____	____	____	5. La signora è soddisfatta di quello che dice il ragazzo.

C. Che pensi tu? Do you think the woman's reaction was appropriate? Why or why not? Write a brief reply in Italian.

_____

_____

Capitolo 9

STRUTTURA

> **Esprimere emozioni, desideri e speranze nel passato**

■ I. *Congiuntivo imperfetto e trapassato*

Ripensando alla Terra... Mr. Verdi, an environmentalist, is telling his grandchildren about his current and past concerns. Each time he makes a statement in the present tense, help him complete a related statement indicating that his feelings were similar in the past. Write the correct form of the verb in the **congiuntivo imperfetto** or **trapassato.** You will then hear the correct sentence.

CD 3-22

ESEMPI   You hear: Penso che stiamo inquinando l'ambiente.

           You see: Pensavo che _____ inquinando l'ambiente.

       You write: *stessimo*

           You hear: Pensavo che stessimo inquinando l'ambiente.

           You hear: Penso che abbiamo fatto poco per proteggerlo.

           You see: Pensavo che _____ poco per proteggerlo.

       You write: *avessimo fatto*

           You hear: Pensavo che avessimo fatto poco per proteggerlo.

1. Sembrava che le persone _____ più interessate ai problemi ambientali.

2. Tutti temevano che _____ inquinando troppo.

3. Tuttavia, mi pareva che non si _____ abbastanza.

4. Speravo che non _____ già _____ danni irreversibili.

5. Avrei preferito che la gente _____ meno in macchina.

6. Volevo che le industrie _____ meno.

7. Speravo che anche voi _____ di più.

8. Quando la gente mi sentiva parlare, pensava che io _____.

9. Avevo paura di non _____ abbastanza.

10. Nessuno sapeva quanto _____ resistere il mondo...

■ II. *Concordanza dei tempi nel congiuntivo*

Salviamo l'ambiente. Several people are speaking at a convention focusing on environmental protection. You will hear two words or expressions for each statement. They will be read twice. CD 3-23 Select the one that best completes the statement.

ESEMPIO   You see: È importante che tutti _____ l'ambiente.

                You hear: rispettino, rispettassero

                You write: *rispettino*

1. Secondo me bisognerebbe che ogni casa _____ i pannelli solari.

2. Penso che al giorno d'oggi si _____ avere più cura dell'ambiente.

3. Chi avrebbe mai immaginato che un giorno _____ per la natura?

4. Prima che la gente _____ a non andare in macchina passerà molto tempo.

5. Non credevo che _____ anche lui a questo convegno.

6. Benché _____ tutti preoccupati per l'ambiente, non conosco nessuno che non abbia la macchina.

Mettere in evidenza persone e oggetti

■ III. Questo e quello e *altri dimostrativi*

Quante macchine! Waiting for a salesperson at a car dealership, Maurizio overhears a number of conversations. Complete the responses to the questions you hear, using **questo** if the question contains **quello,** and **quello** if the question contains **questo.**

CD 3-24

ESEMPI   You hear: Ti piace questa macchina?

              You see: No, preferisco _____.

              You write: *quella*

              You hear: Quei prezzi sembrano buoni.

              You see: Sì, ma anche _____ prezzi non sono male.

              You write: *questi*

1. No, è _____.

2. No, _____ rossa.

3. No, preferisco _____ italiane.

4. Sì, ma _____ auto è più recente.

5. Sì, ma _____ impiegato sembra più simpatico.

6. No, preferisco _____ altri.

7. No, prendo _____ altra.

Stabilire una connessione tra due idee

■ IV. *Pronomi relativi*

Una bici? Two clerks who work in a bike shop are discussing a client. You will hear two of the clerk's comments for each number below. Combine the two sentences you hear into a single sentence by using the appropriate **pronome relativo.**

CD3-25

ESEMPIO   You hear: Ecco la bicicletta. La compro.

You see: Ecco la bicicletta _____ compro.

You write: *che*

1. Ecco il cliente _____ ti parlavo.

2. È una persona _____ deve essere molto ricca.

3. È un professore _____ piace parlare dell'ambiente.

4. Le biciclette _____ compra le regala.

5. L'ultima l'ha regalata ad un ragazzo, il _____ la usa sempre.

6. Secondo lui, il giorno _____ andranno tutti in bicicletta sarà un bel giorno!

PER COMUNICARE

Un vigile poco vigile. Carlo, a policeman, is trying to direct traffic, but is continually interrupted by people asking for directions. Listen to his instructions, and then supply the information requested below. You will hear each conversation twice.

CD3-26

1. a. Dove vuole andare? _____

   b. Come ci arriva? _____

   _____

2. a. Dove vuole andare? _____

   b. Come ci arriva? _____

   _____

3. a. Dove vuole andare? _____

   b. Come ci arriva? _____

   _____

4. a. Dove vuole andare? _____

   b. Come ci arriva? _____

   _____

COMPRENSIONE

A. Viaggio nella Valle della Morte. Enrico, Lina, and Pino drove to Las Vegas last year in an old car, by way of Death Valley. They are now back in Italy and are reminiscing about their trip. Listen to their conversation, then mark each statement **vero, falso,** or **non si sa.**

CD 3-27

Vero	Falso	Non si sa	
——	——	——	1. I ragazzi hanno tutti la stessa età.
——	——	——	2. Secondo i ragazzi, la Valle della Morte è un buon posto in cui avere un problema con la macchina.
——	——	——	3. La Jeep era nuova.
——	——	——	4. Lina aveva paura degli scorpioni.
——	——	——	5. Era estate.
——	——	——	6. Infine qualcuno si è fermato.
——	——	——	7. Grazie a quella persona, i ragazzi hanno potuto chiamare aiuto.
——	——	——	8. Non sono riusciti ad arrivare a Las Vegas.

B. Cosa è successo veramente? Listen again to the conversation about the drive to Las Vegas last year and then correct the statements that are false.

CD 3-28

1. _____
2. _____
3. _____
4. _____
5. _____
6. _____
7. _____
8. _____

Cosa facciamo questa sera?

PER COMINCIARE

CD 4-2

A. Telespettatori. A group of friends is discussing their preferences in television and film. You will hear two words or expressions for each statement. Select the one that best completes the sentence and write it in the blank. You will hear the choices twice.

ESEMPIO   You hear: alla televisione, al cinema

           You see: Preferisco stare a casa e vedere i film _____.

           You write: *alla televisione*

1. La sera, di solito, guardo trasmissioni di _____.

2. Io guardo poco la tele, ma se c'è un _____ in cui gioca l'Italia non me lo perdo.

3. A me piace vedere i film dell'orrore al cinema, così non sono interrotti dalla _____.

4. Ieri ho visto un film in inglese. Era difficile da capire, meno male che c'erano i _____.

5. Domani trasmettono il concerto di Claudio Baglioni. Penso di _____.

B. Che brutto incubo! Cornelio suffers from a recurring nightmare and he is telling his doctor about it. Listen to his story, then respond to the questions below by marking each one as **vero, falso,** or **non si sa.**

CD 4-3

Vero	Falso	Non si sa	
____	____	____	1. Nel sogno, mentre Cornelio torna dal lavoro, improvvisamente tutto diventa buio.
____	____	____	2. Cornelio sente rumore di passi e qualcuno ansimare.
____	____	____	3. La persona che ansima è una donna.
____	____	____	4. Quando si volta, Cornelio vede chiaramente l'assassino.
____	____	____	5. L'assassino lo fa salire sulla sua macchina.
____	____	____	6. Nel sogno, Cornelio è un attore.

C. Da capo! Now listen again to the story and correct the statements that were marked as false.

1. _____

2. _____

3. _____

4. _____

5. _____

6. _____

STRUTTURA

Ordinare, esortare, pregare qualcuno di fare qualcosa

■ **I. *Imperativo***

A. Aiuto, ditemi cosa devo fare! Cornelio is getting advice from his doctor, and afterward from his friends, on how to cope with his nightmare. You will hear each piece of advice two times. **CD 4-4** Transform each suggestion by changing the verb following **dovere** into the correct form of the imperative. Be careful: some are familiar and some are formal forms.

ESEMPI You hear: Deve stare tranquillo.

You see: _____ tranquillo!

You write: *Stia*

You hear: Devi contare le pecore prima di dormire.

You see: _____ le pecore prima di dormire!

You write: *Conta*

1. _____ un tranquillante!

2. Prima di dormire, _____ di rilassarsi!

3. _____ consiglio ad uno psichiatra!

4. _____ strada quando torni dal lavoro!

5. _____ con gli occhiali, così vedi chi è l'assassino!

6. _____ le strade con i buchi!

7. _____ suonare la sveglia ogni 5 minuti!

8. _____ paura! L'incubo è un messaggio sinistro!

9. _____ un film ispirato al tuo incubo!

10. _____ attento! Quello non è un incubo, succede davvero!

B. Aiuto, ditemi cosa non devo fare! Cornelio's doctor and friends have more advice, but now they are telling him about what he must *not* do. Transform their statements, which you will **CD 4-5** hear twice, by writing out, on the next page, the correct form of the negative imperative. Again, some answers are in the formal form.

ESEMPI You hear: Non deve bere troppa birra.

   You see: Non _____ troppa birra!

   You write: *beva*

   You hear: Non devi pensare troppo a questo incubo.

   You see: Non _____ troppo a questo incubo!

   You write: *pensare*

1. Non _____ troppo la sera!

2. Non si _____, cerchi di stare calmo!

3. Non _____ più i film dell'orrore!

4. Non _____ l'attore, saresti pessimo!

5. Non _____ più a casa a piedi!

6. Non _____ dall'ufficio da solo, torna con qualcuno!

7. Non _____ il tuo incubo a nessuno.

8. Non _____ l'*Inferno* di Dante a letto!

9. Non _____ vino la sera, bevi camomilla!

10. Non ti _____ dell'incubo quando forse hai un cadavere nell'armadio!

C. Calmatelo! Cornelio and his wife Crudelia have invited the doctor and his family, including his badly behaved children, to dinner. Cornelio, midst the chaos, has to repeat everything he says. Repeat each of Cornelio's requests, which you will hear twice, using the imperative form with the appropriate direct- or indirect-object pronoun, or **ci** or **ne.** You will then hear the correct sentence.

CD 4-6

ESEMPIO You hear: Passa il pane al dottore.

   You see: _____ il pane!

   You write: *Passagli*

   You hear: Passagli il pane!

1. _____!

2. Bambini, _____!

3. _____ sulla pasta!

4. Bambini, _____ in pace!

5. Dottore, _____ a mia moglie!

6. Crudelia, _____ una tazza di camomilla!

7. Bambini, _____!

8. _____!

Esprimere apprezzamento

■ II. Come e quanto *nelle esclamazioni*

Sono un po' strani... The doctor's wife and the children are whispering about the dinner and their hosts at the end of the meal. Make the statements you hear more emphatic by using **come,** **che,** or **quanto.**

CD 4-7

> ESEMPI You hear: Quel signore è strano.
>
> You see: _____ è strano!
>
> You write: *Com'* or *Quant'*
>
> You hear: Sua moglie ha un nome sinistro.
>
> You see: _____ nome sinistro ha sua moglie!
>
> You write: *Che*

1. _____ era cattiva la cena.

2. _____ era cattivo anche Cornelio.

3. _____ strani i loro discorsi!

4. _____ mi fa paura il nome di sua moglie!

5. Avete ragione bambini, _____ famiglia strana!

Sostituire persone e cose

■ III. *Pronomi tonici*

Signora, me lo dice lei? The doctor's children are asking Crudelia many questions. Complete her replies with the correct **pronome tonico.** You will then hear the correct sentence.

CD 4-8

> ESEMPIO You hear: Chi abita sopra di voi?
>
> You see: Sopra di _____ non c'è nessuno.
>
> You write: *noi*
>
> You hear: Sopra di noi non c'è nessuno.

1. Sì, lavoro con _____.

2. Sì, lavoriamo presso di _____.

3. Sì, un giorno potete venire da _____, nei nostri studi.

4. Sì, è per _____ questa fetta di torta.

5. Sì, è vero che l'ha preparata da _____.

6. Secondo _____ no, ma non si sa mai...

PER COMUNICARE

CD 4-9

A. Dettato. After dinner, the guests suggest that the adults go to see the new Roberto Benigni film. Listen to their remarks, which will be repeated twice, and write them out in full.

1. _____

2. _____

3. _____

4. _____

CD 4-10

B. Fantastico! Everyone is commenting on the film as they exit the theatre. Listen to each statement, then select the appropriate reply from the list of comments that you have written out in the exercise above.

1. _____

2. _____

3. _____

4. _____

COMPRENSIONE

CD 4-11

A. Cerchiamo qualcuno per «Il Fratellone». Cornelio, back at work, is at the tryouts for a reality show, "Il Fratellone." The cast will live together, with the cameras rolling. Cornelio is interviewing Giuseppe, a hopeful contestant. After you hear the interview, mark whether the statements below are **vero** or **falso.**

Vero   **Falso**

_____   _____   1. Giuseppe pensa che stiano cercando qualcuno per la parte del fratello maggiore, o di un fratello molto grande.

_____   _____   2. Giuseppe crede di essere un pino.

_____   _____   3. Giuseppe è giovane, non ha nemmeno 25 anni.

_____   _____   4. Giuseppe dice di saper cantare e ballare.

_____   _____   5. Giuseppe è robusto, è un ragazzone.

_____   _____   6. Cornelio pensa che Giuseppe sia un buon candidato.

B. Avanti...! Listen again to Cornelio's interview of the contestant. Now, correct any false statements.

CD 4-12

1. _____

2. _____

3. _____

4. _____

5. _____

6. _____

C. Secondo te... Do you think that Giuseppe would be a good choice for a reality show? Why or why not? Write a brief reply in Italian.

_____

_____

Se gli esami andassero sempre bene!

PER COMINCIARE

A. All'università. There are many ways to talk about the university experience. You will hear a series of definitions. For each one, choose the word that fits best from the list below. Be careful, there is one extra word in the list!

CD 4-13

rivolgere	regredire
istituto	reddito
cattedra	frequentare
fastidio	

1. _____
2. _____
3. _____
4. _____
5. _____
6. _____

B. Al bar. Listen as several university students chat over coffee. Then choose the words or phrases that best describe each student's comments.

CD 4-14

1. a. le esercitazioni
   b. la borsa di studio
   c. l'impegno

2. a. la facoltà
   b. il reddito
   c. la media

3. a. la linguistica
   b. la tesi
   c. il piano di studi

4. a. l'istituto
   b. le scienze gastronomiche
   c. le tasse universitarie

5. a. prendere trenta e lode
   b. prendere diciotto
   c. frequentare

STRUCTURA

Parlare di situazioni reali o ipotetiche

■ I. *Periodo ipotetico con* se

CD 4-15

A. Reale, possibile o impossibile? You will hear a series of hypothetical statements made by students and teachers. Listen to each sentence, then indicate whether the situation described is real/possible, probable/imaginary, or impossible/contrary-to-fact.

ESEMPI   You hear: Se studio, supero l'esame.
          You check: *real/possible*

          You hear: Se studiassi, supereresti l'esame.
          You check: *probable/imaginary*

	real/possible	probable/imaginary	impossible/ contrary-to-fact
1.			
2.			
3.			
4.			
5.			
6.			
7.			
8.			
9.			
10.			

CD 4-16

B. Uno studente un po' confuso... As you look at each of Alberto's incomplete statements, on the next page, about the things that he would like to do, you will hear the infinitive form of a verb. Write the correct form of the verb in the blank to complete the hypothetical sentence. You will then hear the full sentence.

ESEMPIO You see: Se _____ ricco, prenderei il taxi tutti i giorni!

You hear: essere

You write: *fossi*

You hear: Se fossi ricco, prenderei il taxi tutti i giorni!

1. Se io _____ più vicino all'università, potrei andarci in bicicletta.

2. Se tutti _____ le biciclette, ci sarebbe meno traffico.

3. Se io _____ in bicicletta, risparmierei sulla benzina.

4. Se _____ più soldi, potrei avere più risparmi.

5. In futuro, se _____, risparmierò.

6. Se ci _____ prima, l'avrei fatto già da tempo.

7. Se _____ più risparmi, potrei comprare una macchina.

8. Ma se io _____ già la macchina, non ho bisogno di risparmiare!

9. E voi, cosa fareste se _____ più soldi?

> ## Dare un suggerimento. Esprimere un dubbio.

■ II. *Altri usi di* se

E Veronica? What are Veronica's thoughts about art history class? Listen to her comments, each of which will be repeated twice, then complete her sentences below.

CD 4-17

1. Vorrei sapere se _____

2. Studierei più volentieri se _____

3. Non so se _____

4. Mi domando se _____

5. Se almeno avessi _____

> ## Modificare il senso della frase

■ III. *Avverbi*

Uno l'opposto dell'altra! Renzo and Sara are comparing their morning routines. They have discovered that they are opposites! After you hear each of Renzo's statements, complete Sara's reply by writing in the adverb with the opposite meaning.

CD 4-18

ESEMPIO You hear: A casa, dormo molto bene.

You see: A casa, dormo molto _____.

You write: *male*

1. Solitamente, la mattina mi alzo _____.

2. Faccio colazione _____.

3. Mi piace mangiare _____ per colazione.

4 _____ sono in ritardo.

5. Non arrivo _____ in orario a lezione.

Fare paragoni

■ IV. *Comparativi*

È più interessante il mio corso del tuo! Paola, who is talking to her mother, is comparing her experiences in an art history class with those of her friend Lina, who has chosen to study anatomy. Listen to each of her statements, which you will hear twice, then circle the correct response to each question below.

CD 4-19

Secondo Paola...

1. A chi piace studiare di più?	A Lina	A Paola	Né all'una né all'altra
2. Qual è il corso più interessante?	Storia dell'arte	Anatomia	Né l'uno né l'altro
3. Il corso di Paola è più pratico che teorico.	Vero	Falso	Non si sa
4. Il corso più impegnativo è...	Storia dell'arte	Anatomia	Né l'uno né l'altro
5. Chi deve memorizzare meno termini?	Lina	Paola	Né l'una né l'altra
6. Chi vede le immagini più belle?	Lina	Paola	Né l'una né l'altra
7. Chi deve fare meno ricerche in biblioteca?	Lina	Paola	Né l'una né l'altra

■ V. *Superlativi*

Moltissimo! Giovanni is very emphatic when speaking about his university life. After you hear his statements, express his comments by writing the absolute superlative in the blank. You will hear each statement twice.

CD 4-20

ESEMPIO   You hear: È il corso più importante nel mio piano di studi.
              You write: *È importantissimo!*

1. _____

2. _____

3. _____

4. _____

5. _____

■ VI. *Comparativi e superlativi irregolari*

Meglio, migliore, ottimo! Patrizia is chatting with a new classmate. Complete her statements by choosing the correct word or phrase.

CD 4-21

1. a. ottimo
   b. pessimo
   c. maggiore

2. a. superiore
   b. minimo
   c. minore

3. a. Infimo
   b. Supremo
   c. Massimo

4. a. maggiore
   b. superiore
   c. inferiore

5. a. meglio
   b. migliore
   c. peggio

PER COMUNICARE

A. Che cosa si risponde? Listen to the following exchanges between Giovanna and a classmate. Indicate in each case whether the response to Giovanna's question is logical or illogical.

CD 4-22

ESEMPIO   You hear: — Hai preso appunti oggi a lezione?
                        — Se il prossimo che esce è bocciato, mi ritiro.

           You check: *Non logica*

	Logica	Non logica
1.	_____	_____
2.	_____	_____
3.	_____	_____
4.	_____	_____
5.	_____	_____

B. Che cosa diresti tu? Listen again to the exchanges between Giovanna and her classmate. Then, write the reply you would have given for each illogical response.

CD 4-23

1. _____

2. _____

3. _____

4. _____

5. _____

COMPRENSIONE

A. Domani c'è l'esame orale! Mauro must take his oral exam in English tomorrow. His friend Tina, who claims to know English very well, is helping him practice by giving him a "mock" exam. Listen to their exchange, then respond to the questions below, marking them as **vero** or **falso.**

CD 4-24

Vero	Falso	
_____	_____	1. Per l'esame di prova, Mauro deve solo tradurre alcune frasi.
_____	_____	2. Mauro traduce tutte le frasi correttamente.
_____	_____	3. Tina vuole bocciare Mauro.
_____	_____	4. Se l'esame vero va come nella prova, Mauro prenderà 30 e lode.
_____	_____	5. Tina sa parlare inglese molto bene.

B. Qual è la risposta giusta? Listen again to the dialogue. Determine whether Mauro correctly translated the sentences shown here, then provide the English translations for any that were done incorrectly.

CD 4-25

1. Se Francesco Santi fosse a Hollywood, sarebbe un regista.

_____

2. Se hai studiato, passerai l'esame.

_____

3. Se fossi Bill Gates darei tutti i miei soldi in beneficenza.

_____

Lavora la tua mamma?

PER COMINCIARE

CD 4-26

A. Le donne al lavoro. You will hear a series of definitions of terms related to working women. After each definition, write the corresponding word or expression from the list below. Be careful, there is an extra entry in the list!

argomento   congedo
esigenza   prendersi cura
potersi permettere gravidanza
parto   casalinga
asilo nido

1. _____
2. _____
3. _____
4. _____
5. _____
6. _____
7. _____
8. _____

B. A casa in maternità. Miriam, a research scientist, is hearing about maternity leave options from a Human Resources manager. Listen to the manager's explanation, which you will hear twice, then mark each of the statements below as **vero, falso,** or **non si sa.**

Vero	Falso	Non si sa	
____	____	____	1. Miriam può prendere cinque mesi di congedo.
____	____	____	2. Può prendere i cinque mesi tutti insieme, prima o dopo il parto.
____	____	____	3. Miriam è la persona che deve decidere.
____	____	____	4. Secondo l'impiegato, Miriam deve parlare con sua madre.
____	____	____	5. L'impiegato prepara i documenti al computer.

STRUTTURA

I modi indefiniti del verbo. Il verbo in funzione di sostantivo.

■ I. *Infinito*

CD 4-28

A. I consigli del dottore. Rosa is speaking to a doctor about her teenage daughter, who has not been feeling well at school. Listen to the doctor's questions, then express his advice with the infinitive form of the verb, following the model below. You will hear each question twice.

> **ESEMPIO**   You hear: Prende le vitamine?
>   You see: È raccomandato _____ le vitamine.
>   You write: *prendere*

1. È bene _____ in piscina due volte alla settimana.

2. È meglio _____ frutta e verdura ogni giorno.

3. _____ fa male.

4. Può essere pericoloso _____ medicine senza il mio consiglio.

5. È consigliato _____ almeno otto ore per notte.

6. È importante _____ se sua figlia sta male anche nel week-end!

CD 4-29

B. Programmi per il prossimo futuro. Giancarlo has heard his mother's advice so often that he can finish her sentences. You will hear his mother begin a sentence. Help Giancarlo to complete it by choosing the reply that begins with the correct preposition.

> **ESEMPIO**   You hear: Deve stare attento...
>   You see: a. a non mangiare troppo.
>   b. di non mangiare troppo.
>   You choose: *a. a non mangiare troppo.*

1. a. a tenere in ordine tu la tua camera.
   b. per tenere in ordine tu la tua camera.

2. a. per studiare di più.
   b. a studiare di più.

3. a. da perdere.
   b. a perdere.

4. a. per addormentarti a scuola.
   b. di addormentarti a scuola.

5. a. per dormire fino a tardi.
   b. di dormire fino a tardi.

6. a. da farlo.
   b. a farlo.

7. a. di alzarvi presto la domenica.
   b. con alzarvi presto la domenica.

8. a. di chiamarti ogni cinque minuti.
   b. per chiamarti ogni cinque minuti.

> **Forme implicite del verbo**

■ II. *Gerundio*

CD 4-30

A. Mi annoio un po'... Miriam receives a phone call from her husband Mario, who is temporarily working at home. Listen to their conversation, then identify the **forma progressiva** in Miriam's reply, which you will hear twice, and write it below.

ESEMPI   You hear: Cosa fai adesso, Miriam?

           You hear: Sto parlando al telefono.

           You write: *Sto parlando*

           You hear: E prima, dov'eri?

           You hear: Prima stavo pranzando con un cliente.

           You write: *stavo pranzando*

1. _____
2. _____
3. _____
4. _____
5. _____
6. _____
7. _____
8. _____
9. _____
10. _____

CD 4-31

B. Pensi che concluderanno l'affare? Miriam and a colleague are discussing a new client that has been meeting with their boss. Express the two sentences you hear as one, using a gerund as in the model.

ESEMPIO   You hear: Devono parlare. Vanno al bar.

           You see: _____, vanno al bar.

           You write: *Dovendo parlare*

1. _____ al bar da soli, parlano di lavoro.

2. _____ un caffè, discutono del possibile contratto.

3. _____, prende appunti.

4. _____, consulta alcuni dati.

5. _____ spesso recentemente, pensi che concluderanno l'affare?

■ III. *Participio*

Al lavoro. Miriam listens to her colleague's conversations while she works in the lab. Express the statements you hear using a past participle, as in the model below. You will then hear the

CD 4-32 correct sentence.

ESEMPIO   You hear: Avendo concluso il progetto, sono andati a festeggiare.

You see: _____ il progetto, sono andati a festeggiare.

You write: *Concluso*

You hear: Concluso il progetto, sono andati a festeggiare.

1. _____ i campioni, abbiamo iniziato l'esperimento.

2. _____ questa ricerca, ne abbiamo iniziata un'altra.

3. _____ il risultato, ci siamo complimentate!

4. Le istruzioni _____ per la miscela erano sbagliate.

5. _____ la nuova impiegata, abbiamo capito perché è stata assunta.

6. _____ la riunione, sapremo come comportarci.

PER COMUNICARE

A. Parliamo... Miriam and her husband are talking about their relationship. Their conversation includes the following useful expressions, each of which you will hear twice. Write them on

CD 4-33 the lines below.

1. _____

2. _____

3. _____

4. _____

B. Sempre le solite discussioni... Miriam has had her baby and is now back at work. Her husband is telling her about how he feels. Complete their conversation by choosing the correct expressions from the list below.

CD 4-34

Non fa differenza.   Ti voglio bene anche io, amore.
Va bene, fai come credi.   Non potrebbe andare meglio!

1. MIRIAM: _____

2. MARIO: _____

3. MARIO: _____

4. MIRIAM: _____

COMPRENSIONE

A. Come va, Miriam? Miriam is talking with a friend about her job and her family. Listen to their phone conversation, then mark the statements below that correctly describe its content.

CD 4-35

_____ 1. Miriam dovrà viaggiare per lavoro.

_____ 2. Miriam vuole lasciare il lavoro.

_____ 3. Mario è felice per Miriam.

_____ 4. I genitori di Miriam sono orgogliosi di lei.

_____ 5. Mario sa che cos'è il progetto segreto.

_____ 6. Miriam vuole andare con tutta la famiglia in Umbria.

B. Listen again to the phone conversation, then answer the questions below. Write a brief reply in Italian.

CD 4-36

1. Di che cosa è soddisfatta Miriam?

_____

2. Qual è il suo problema più grande?

_____

C. Secondo te... Would you want to have a job like Miriam's? Why or why not?

_____

_____

Il dottore chi lo paga?

PER COMINCIARE

A. La salute! Listen to each statement about health and medical care, then supply the missing word(s). Each statement will be read twice.

CD 5-2

1. Questa settimana il _____ non c'è. È andato ad un

   _____ .

2. Da quando faccio una _____ tutti i giorni la mia

   _____ è migliorata.

3. È un infermiere molto _____ . La sua presenza mi

   _____ .

4. La dottoressa mi ha fatto una _____ per un nuovo

   _____ .

5. Un _____ non è certo il posto ideale per fare

   _____ !

B. Al pronto soccorso. Listen to patients' comments in an emergency room, then indicate what will probably happen to them next by selecting the appropriate statement below.

CD 5-3

1. a. Gli metteranno un'ingessatura.
   b. Gli daranno le stampelle.

2. a. Sarà visitato da un pediatra.
   b. Lo porteranno in palestra.

3. a. Gli faranno mantenere la linea.
   b. Gli faranno una radiografia.

4. a. La faranno pagare.
   b. Non pagherà niente.

5. a. Il dottore le dirà di stare a dieta e di mantenere la linea.
   b. Il dottore le dirà di ammalarsi.

6. a. Andrà in un rifugio.
   b. Andrà in una clinica.

STRUTTURA

Parlare di relazioni causali

■ I. Fare + *infinito*

Povero Enrico! Enrico, who has a broken hand, is telling a friend about what he can and cannot do. Listen to his statements, then identify which person does each activity for him, or if Enrico can do it by himself. You will hear his statements twice.

	Enrico	sua madre	sua moglie	sua figlia	il barbiere
1. mettere i pantaloni					
2. mettere la camicia					
3. preparare da mangiare					
4. mangiare					
5. pettinare					
6. radere					
7. scrivere					
8. guidare					
9. compagnia					
10. suonare il piano					

Permettere a qualcuno di fare qualcosa

■ II. Lasciare + *infinito*

Sto male! The parents in the Neri family are both sick with the flu. You will hear a neighbor's comments about what has been going on in their home. Listen to her remarks, which you will hear twice, then answer the questions below.

CD 5-5

1. Chi dorme fino a mezzogiorno? _____

2. Dove va Francesca? _____

3. Chi esce da sola/o? _____

4. Cosa fa Alessandro? _____

5. Chi vede la televisione? _____

6. Chi accompagna il cane quando esce? _____

7. Che cosa vogliono i genitori? _____

■ III. *Verbi di percezione + infinito*

In farmacia. Antonio is chatting on his cell phone as he waits in line at the pharmacy. You will hear him describing what is going on around him. Express his statements using the verb of perception followed by the appropriate verb in the infinitive form. You will hear each statement twice.

CD 5-6

ESEMPIO   You hear: Vedo un cane che entra.

You see: _____ un cane.

You write: *Vedo entrare*

1. _____ un bambino.

2. _____ molti clienti.

3. Tutti _____ un uomo.

4. _____ il farmacista _____ consigli.

5. _____ il temporale!

Parlare di persone, cose o eventi in successione

■ IV. *Numeri ordinali*

Ma cosa succede oggi? Giorgio, who works in the emergency room, is telling a co-worker about his busy day. Listen carefully for the ordinal numbers he uses in referring to each patient, and then write the number in the blank, on the next page, with the appropriate superscript. You will hear his statements twice.

CD 5-7

ESEMPIO   You hear: La ragazza che sto per visitare è la trentaduesima della giornata.
           You see: La ragazza
           You write: *32ª*

1. Il ragazzo _____
2. L'uomo _____
3. La bambina _____
4. La ragazzina _____
5. Il caso della donna _____

Relazioni di una parola con un'altra

■ V. *Preposizioni*

All'ospedale. Read the comments of several hospital patients below. You will hear a choice of two phrases twice. Choose the one that correctly completes the sentence and write it in the blank. You will then hear the correct sentence in full.

CD 5-8

ESEMPIO   You hear: Sono contento di, Mi congratulo con
           You see: _____ come mi hanno curato.
           You write: *Sono contento di*
           You hear: Sono contento di come mi hanno curato.

1. _____ tutti, questi dottori.
2. _____ quanti casi urgenti ci sono, ma dovrebbero visitarmi presto.
3. Non posso _____ vedere il dottore!
4. Quel bambino è venuto dal dottore perché dice di _____ cuore.
5. Infatti, ha detto che è _____ una bambina che non lo ama!

PER COMUNICARE

A. Che cosa si risponde? Listen as hospital employees greet one another as they pass in the halls. Indicate in each case whether the second speaker's response is logical or illogical. Each exchange will be repeated twice.

CD 5-9

ESEMPIO   You hear: — Mi saluti la signora.
                      — Si tira avanti.
           You check: *Non logica*

	Logica	Non logica
1.	_____	_____
2.	_____	_____
3.	_____	_____
4.	_____	_____
5.	_____	_____

B. Che cosa diresti tu? Listen again to the hospital employees' greetings and responses. Now, write the reply you would have given for each illogical response.

CD 5-10

1. _____

2. _____

3. _____

4. _____

5. _____

COMPRENSIONE

A. Peppo, il signore goffo. A clown is visiting the children at a hospital. Listen to his story about a clumsy man, then indicate whether the statements below are **vero** or **falso.**

CD 5-11

_____ 1. Peppo porta gli occhiali.

_____ 2. La moglie si mette gli occhiali di Peppo.

_____ 3. Peppo si è fatto mettere le scarpe perché aveva mal di gamba.

_____ 4. La moglie gli mette le scarpe correttamente.

_____ 5. Peppo si fa curare all'ospedale.

B. Di nuovo! Now, listen again to the story and correct the statements that you marked as false.

CD 5-12

1. _____

2. _____

3. _____

4. _____

5. _____

C. E tu? Do you think that the clown's story will cheer up the children? Why or why not? Reply briefly in Italian.

_____

_____

Tesori d'arte dappertutto!

14

PER COMINCIARE

A. Turisti! Listen to the remarks made by tourists in Italy and supply the missing word(s). You will hear each statement twice.

CD 5-13

1. Andiamo a vedere il Duomo di Milano. È una bellissima _____.

2. Saliamo in _____?

3. Questo _____ è stato distrutto dal
   _____.

4. Ci siamo persi! È meglio consultare la _____.

5. Per secoli, le città di Firenze e Siena _____.

6. L'inizio della costruzione di questa torre _____.

B. In pullman. The guide on a tour bus is showing the city's monuments to her passengers. Listen to each statement, then choose the response that is most consistent with its content.

CD 5-14

1. I turisti dovranno...
   a. camminare poco.
   b. camminare molto.

2. Le mura sono...
   a. andate in rovina.
   b. state costruite recentemente.

3. L'anfiteatro...
   a. è stato distrutto recentemente.
   b. ha quasi duemila anni.

4. Per salire in cima, i turisti...
   a. useranno le scale.
   b. prenderanno l'ascensore.

5. La signora vuole fermarsi perché...
   a. si sente distrutta.
   b. vuole vedere le rovine.

STRUTTURA

Il soggetto subisce l'azione

■ I. *Forma passiva*

Chi...? Giuseppe, a tour guide in Italy, answers many questions. Listen to the questions he is asked, then supply his response using the passive form, as in the model. You will then hear his reply in full.

CD 5-15

ESEMPI You hear: Chi paga i biglietti del museo?

You see: (noi)

You say: *I biglietti del museo sono pagati da noi.*

You hear: I biglietti del museo sono pagati da noi.

You hear: Chi ha progettato il Teatro alla Scala?

You see: (Piermarini)

You say: *Il Teatro alla Scala è stato progettato da Piermarini.*

You hear: Il Teatro alla Scala è stato progettato da Piermarini.

1. (i turisti)
2. (Leonardo)
3. (i Romani)
4. (una donna francese)
5. (Michelangelo)
6. (i Bizantini)

Esprimere un'azione in termini generali

■ II. Si *passivante*

Ancora domande! The tourists are continuing to ask Giuseppe questions. You will hear their questions twice. Complete Giuseppe's replies, on the next page, using the *si passivante* as in the examples below.

CD 5-16

ESEMPI You hear: La gente mangia i tortellini in Italia?

You see: Sì, _____ i tortellini!

You write: *si mangiano*

You hear: Le persone mangiano sempre la pasta per cena?

You see: No, _____ sempre la pasta per cena.

You write: *non si mangia*

1. Sì, _____ dei vestiti firmati.

2. Sì, _____ spesso i musei.

3. No, _____ una Ferrari generalmente.

4. Sì, _____ molte lettere al computer.

5. Sì, _____ l'inglese.

6. Sì, _____ la pizza in casa.

7. No, _____ sempre il vino a pranzo.

■ III. Si *impersonale*

CD 5-17

In gita scolastica. A group of students from the **liceo classico** is going on a field trip in Milan. Listen to their teacher explaining the itinerary, which you will hear twice, then complete the schedule below with the correct information.

Ci si alza alle _____
_____
Si parte intorno alle _____
_____
Prima di tutto, si va a vedere _____
_____
Dopo pranzo si può _____
_____
Nel pomeriggio si va _____
_____
Si ritorna _____
_____

(**Mettere in relazione parole o frasi fra di loro**)

■ IV. *Preposizioni e congiunzioni*

CD 5-18

Una gita turistica. You will hear a series of questions. For each question, identify the correct reply from the list below and write the letter of the reply in the blank.

ESEMPIO   You hear: Come avreste fatto senza la guida?

You select: *Non lo so, penso che ci saremmo persi senza di lui!*

a. Fino al ventisei aprile.
b. Te ne ho già fatte tante senza che te ne accorgessi!
c. Ho paura che siamo rimasti senza benzina!
d. Dall'inizio del mese.
e. No, salgo prima di te.
f. Finché non chiude, direi.

1. _____   4. _____

2. _____   5. _____

3. _____   6. _____

■ V. *Discorso diretto e indiretto*

Che cosa dice? Lisa, who is on a tour bus, is telling her friend about the things that she has overheard. After you hear her report what others have said, identify the original statement. You CD 5-19 will hear Lisa's remarks twice. You will then hear the correct reply.

ESEMPIO   You hear: L'autista dice che siamo turiste bellissime!

You see: Cosa dice l'autista?

a. «Siete turiste bellisssime.»
b. «Sono turiste bellissime.»

You circle: *a. «Siete turiste bellisssime.»*

You hear: Siete turiste bellissime.

1. Che cosa dice la signora americana?
   a. «Sono in Italia da una settimana.»
   b. «Ero in Italia da una settimana.»

2. Che cosa diceva quel signore polacco?
   a. «Mia moglie fa bellissime foto.»
   b. «Mia moglie aveva fatto bellissime foto.»

3. Che cosa annunciò il direttore del museo?
   a. «Compriamo un nuovo quadro!»
   b. «Abbiamo comprato un nuovo quadro!»

4. Che cosa hanno chiesto la settimana scorsa?
   a. «Chi partirà per Firenze?»
   b. «Chi è partito per Firenze?»

5. Che cosa ha detto l'autista?
   a. «Tornavate al pullman per le cinque.»
   b. «Tornate al pullman per le cinque!»

6. Che cosa hai risposto?
   a. «Il museo chiude alle sette.»
   b. «Il museo ha chiuso alle sette.»

PER COMUNICARE

A. Che delusione! You will hear several comments made by chatty tourists. Complete the sentences, which you will hear twice, by writing in the missing word(s).

CD 5-20

1. _____ era partito presto.

2. Perché non ti piace? _____ brutto.

3. Il museo è chiuso. _____!

4. Che fila lunga! _____ aspettare.

B. Che noia! Complete the exchanges you hear by selecting the best response from the list below and writing its letter in the blank. You will hear each statement twice. Be careful, there is an extra item in the list.

CD 5-21

a. Che noia! Sarebbe stato meglio se fossimo andati al circo!
b. Sei un eterno insoddisfatto.
c. Meglio di niente! Ci divertiremo lo stesso.
d. Non lo so! Sai, corre voce che vogliano chiuderla al pubblico.
e. Ho sentito dire che stanno organizzando un viaggio a Pompei.

1. _____

2. _____

3. _____

4. _____

COMPRENSIONE

A. Andiamo in Italia! Two American friends are considering a vacation in Italy. They are watching a promotional video for an Italian tourist agency. Listen to the video's introduction, then determine whether the statements below are **vero** or **falso.**

CD 5-22

vero	falso	
_____	_____	1. Secondo il video, la ragione principale per andare in Italia sono le montagne.
_____	_____	2. Il video incoraggia i turisti ad andare in un fast-food.
_____	_____	3. Il video parla in modo umoristico del David.
_____	_____	4. La narratrice invita i turisti ad andare a Firenze.
_____	_____	5. Il video usa l'esempio di Pisa per incoraggiare i turisti ad andare in Italia.

B. Da capo! Listen again to the video, then correct any statements that you marked as false in the previous activity.

CD 5-23

1. _____

2. _____

3. _____

4. _____

5. _____

C. Secondo te... Would you want to see the rest of the video after hearing the introduction? Briefly respond in Italian.

_____

_____